CURRÍCULO NA EDUCAÇÃO INCLUSIVA: ENTENDENDO ESSE DESAFIO

SÉRIE INCLUSÃO ESCOLAR

CURRÍCULO NA EDUCAÇÃO INCLUSIVA:
ENTENDENDO ESSE DESAFIO

MARIA **DE** FÁTIMA **MINETTO**

2ª edição
revista, atualizada e ampliada

inter saberes

Rua Clara Vendramin, 58 . Mossunguê
CEP 81200-170 . Curitiba . PR . Brasil
Fone: (41) 2106-4170
www.intersaberes.com . editora@intersaberes.com

Conselho editoria Dr. Ivo José Both (presidente)
Drª Elena Godoy
Dr. Neri dos Santos
Dr. Ulf Gregor Baranow
Editora-chefe Lindsay Azambuja
Gerente editorial Ariadne Nunes Wenger
Assistente editorial Daniela Viroli Pereira Pinto
Preparação de originais Ana Maria Ziccardi
Edição de texto Palavra do Editor
Capa Denis Kaio Tanaami
Projeto gráfico Raphael Bernadelli
Adaptação de projeto gráfico Iná trigo
Diagramação Rafael Ramos Zanellato
Equipe de design Iná Trigo
Sílvio Gabriel Spannenberg
Iconografia Regina Claudia Cruz Prestes

Dados Internacionais de Catalogação na Publicação (CIP)
(Câmara Brasileira do Livro, SP, Brasil)

Minetto, Maria de Fátima
  Currículo na educação inclusiva: entendendo esse desafio/ Maria de Fátima Minetto. 2.ed. rev. atual. ampliada. Curitiba: InterSaberes, 2021.

  Bibliografia.
  ISBN 978-65-5517-907-1

  1. Educação inclusiva 2. Educação especial 3. Política educacional I. Título.

21-54468   CDD-379.26

Índices para catálogo sistemático:

11. Educação inclusiva: Política educacional: Educação   379.26

Aline Graziele Benitez – Bibliotecária – CRB-1/3129

1ª edição, 2012.
2ª edição – revista, atualizada e ampliada, 2021.
Foi feito o depósito legal.
Informamos que é de inteira responsabilidade da autora a emissão de conceitos.
Nenhuma parte desta publicação poderá ser reproduzida por qualquer meio ou forma sem a prévia autorização da Editora InterSaberes.
A violação dos direitos autorais é crime estabelecido na Lei n. 9.610/1998 e punido pelo art. 184 do Código Penal.

SUMÁRIO

Apresentação, 7

Entendendo a necessidade de mudanças, 13
1.1 As políticas educacionais e a educação inclusiva, 16
1.2 O currículo e seu compromisso com a diversidade, 43
1.3 O professor, sua formação e suas concepções diante da educação inclusiva, 50

Flexibilizar e adaptar: necessidades da escola inclusiva, 71

2.1 O currículo flexível e a organização de uma escola inclusiva, 74

2.2 Entendendo e operacionalizando as flexibilizações/adaptações curriculares, 82

2.3 A avaliação no currículo adaptado, 105

Da teoria à prática: por que a inclusão não dá certo? Ou dá?, 117

3.1 Bioecologia do desenvolvimento e inclusão, 120

3.2 A relação entre teoria e prática: O que estamos fazendo?, 130

3.3 A relação entre teoria e prática: novas estratégias inclusivas, 154

Recursos necessários para adaptações curriculares eficientes nas escolas inclusivas, 165

4.1 A organização do cotidiano da sala inclusiva, 168

4.2 Recursos de tecnologia assistiva, 183

4.3 Adaptações do ambiente, 196

Considerações finais, 207

Referências, 211

Sobre a autora, 221

APRESENTAÇÃO

A inclusão é um fato já ocorrido. Estamos em tempo de refletir sobre o estado do conhecimento em vez de decidir se nos posicionamos contra ou a favor; esses tempos já se foram. Um dia, os livros registrarão como conseguimos transformar a escola atual em uma escola inclusiva. Hoje, estamos aprendendo a entender, a mudar, a pensar diferente, a ousar fazer diferente. A profissão de professor sofreu modificações como todas as outras. Todos que optaram por ela devem estar disponíveis para enfrentar as inovações e para se capacitar a fim de atender às exigências da atualidade.

Nem a escola regular nem a escola especial começaram a ter problemas por causa da inclusão. As mudanças, que eram muitas, faziam-se urgentes e necessárias no sistema educacional, o qual não se mostrava satisfatório, tanto na escola de ensino regular quanto na escola de ensino especial. O que é preciso modificar? Como reorganizar a prática? Quem precisa estar envolvido?

Certamente, não temos uma receita pronta para responder a essas perguntas, pois estamos falando de diversidade. As modificações que tornarão os ambientes escolares inclusivos devem ser escritas em cada escola, para cada um de seus alunos, a cada dia, para cada situação. É como um grande quebra-cabeça que precisa ser montado por muitas mãos, com paciência, com persistência e com criatividade, a fim de se atingir um objetivo maior: encontrar o espaço que é de direito para cada peça, compondo o todo. Nas próximas páginas, convidamos você, leitor, a refletir sobre apontamentos teóricos e práticos para ousar atender o diferente.

Este não é um livro de receita! Porém, ajudará a pensar sobre o que pode ser feito em cada situação.

Esta segunda edição atualiza o livro com relação às políticas educacionais e à legislação, além de oferecer um capítulo novo cujo objetivo é diferenciar as novas nomenclaturas e estratégias de inclusão que surgiram nos últimos dez anos. Vamos refletir criticamente sobre as vantagens e as fragilidades das alternativas propostas.

No Capítulo 1, "Entendendo a necessidade de mudanças", vamos examinar o que impulsionou as mudanças na legislação e suas repercussões no cotidiano da escola. O currículo é o tema principal do Capítulo 2, "Flexibilizar e adaptar: necessidades da escola inclusiva", no qual analisamos suas particularidades, como a avalição, as dificuldades de fazer diferente e os aspectos emocionais envolvidos nesses processos.

Nesta atualização, também fizemos uma ampliação da obra, que, agora, no Capítulo 3, "Da teoria à prática: Por que a inclusão não dá certo? Ou dá?", aborda a base teórica de Urie Bronfenbrenner, a bioecologia do desenvolvimento, como pano de fundo para a relação entre teoria e prática, destacando novas possibilidades e conceitos que se apresentaram como alternativas nestes anos de inclusão.

No Capítulo 4, "Recursos necessários para adaptações curriculares eficientes nas escolas inclusivas", tratamos não só das tecnologias assistivas como da organização do cotidiano escolar.

Você aceita o desafio de vir conosco para refletir sobre o assunto e encaixar mais algumas peças nesse quebra-cabeça?

ENTENDENDO A NECESSIDADE DE MUDANÇAS

Neste capítulo, primeiramente, vamos propor uma reflexão a respeito das mudanças nas políticas educacionais e da relação destas com a educação inclusiva. Na sequência, apresentaremos alguns pontos importantes relacionados à diversidade e sua influência na construção do currículo. Para finalizar, faremos um levantamento acerca dos sentimentos e das concepções do professor a respeito da educação inclusiva.

Muitas perguntas precisam ser respondidas para que se organizem estratégias adequadas a essa demanda tão específica. É necessário entender como a inclusão está acontecendo e de que forma se pode melhorar sua efetivação.

Buscamos a estabilidade frequentemente, pois ela nos dá segurança. Quanto mais conhecemos determinado fato ou assunto, mais nos sentimos seguros diante dele. O novo gera insegurança e instabilidade, exigindo reorganização, mudança, por isso, de certa forma, é comum sermos resistentes ao que nos desestabiliza. Sem dúvida, as ideias inclusivas causaram muita desestabilidade e resistência porque propõem uma realidade nova.

Para assumir um posicionamento mais crítico e construtivo em relação à educação inclusiva e às modificações a ela atreladas, é preciso conhecer o que está sendo proposto e entender as necessidades que levaram a mudanças. Isso porque somente o conhecimento proporcionará a reflexão adequada acerca dos avanços propostos pelas políticas de educação.

É fato que as ideias inclusivas têm sido a alavanca para reflexões por parte de todos os envolvidos com a educação, uma vez que vêm exigindo reformulações e impulsionando a formação continuada.

1.1
As políticas educacionais e a educação inclusiva

As mudanças que acompanhamos diariamente em todos os âmbitos da sociedade são incontestáveis. Certamente, você já se sentiu atropelado pelas frenéticas inovações advindas do mundo virtual e suas repercussões em nosso cotidiano. Assim, à medida que a comunicação se torna mais eficiente e mais mudanças são impulsionadas, novas adaptações vão sendo cada vez mais exigidas pelo mundo globalizado. Essas modificações vêm revelar, de forma enfática, as imensas diferenças sociais e os contrastes, que geram conflito e sofrimento. Em contrapartida, o reconhecimento das desigualdades deu origem a movimentos que buscam minimizá-las. Desse modo, temos observado a busca de novos valores sociais mais igualitários.

Hoje, não há limites para que uma informação seja conhecida e influencie diferentes contextos da sociedade num curto espaço de tempo. Isso favorece que, aos poucos, a sociedade vá se modificando, perdendo rapidamente suas características, que antes eram mais bem delineadas, e ganhando flexibilidade.

Quando compreendemos a escola como um reflexo da sociedade e vice-versa, percebemos que, se uma está se modificando, naturalmente, a outra corresponde. Dessa forma, devemos entender as mudanças ocorridas constantemente na escola como necessárias para atender a um perfil de identidade social que corresponde à identidade de cada um de seus cidadãos e da própria nação, refletida na viabilização do respeito às suas individualidades e necessidades.

Para Mazzotta (2003), o homem busca liberdade e igualdade de direitos e de oportunidades. A conquista desses direitos leva ao fortalecimento de sua identidade pessoal e social e isso perpassa a sala de aula. Estamos falando sobre concepções filosóficas, direitos humanos, qualidade de vida e, por conseguinte, destacando o papel fundamental da educação na formação de um ser que pensa e age.

A educação é responsável pela socialização, ou seja, a possibilidade de convívio, com qualidade, de uma pessoa na sociedade; a socialização viabiliza, portanto, com um caráter cultural acentuado, a integração do indivíduo com o meio. A ação pedagógica conduz o indivíduo para a vida em sociedade, produzindo cultura e usufruindo dela. É certo que as modificações em todos os âmbitos da sociedade afloram as desigualdades, de modo a impulsionar discussões sobre as exclusões e suas consequências e lançar a semente do descontentamento e da discriminação social, evidenciando-se a necessidade de mudanças nas políticas públicas.

Os conflitos e as modificações ganharam força no século XX, com o questionamento dos valores educacionais, com base na diversidade individual para alcançar igual participação com a mesma condição na sociedade. O novo paradigma prega que a educação deve considerar a pessoa de forma integral.

Para refletir

Você consegue estabelecer uma relação entre a necessidade de novas políticas educacionais e as ideias inclusivas?

A política educacional é construída segundo o princípio da igualdade de todos perante a lei. Ela abrange os indivíduos de todas as classes sociais, tendo como pilar o princípio da democracia social: a igualdade de oportunidades. No entanto, sua efetivação exige considerar situações específicas e historicamente determinadas pelo contexto, como o atendimento de alunos com necessidades educativas especiais em escolas especiais; somente professores especializados podem atender esses alunos.

Tendo em vista esse panorama, as leis foram sendo organizadas com base nas demandas que surgiam. Os principais documentos legais e normativos oficiais da legislação brasileira que vêm favorecendo a modificação para a prática inclusiva mais eficiente são os seguintes:

- Lei n. 7.853, de 24 de outubro de 1989 (Brasil, 1989): dispõe sobre a Política Nacional para a Integração da Pessoa Portadora de Deficiência.
- Lei n. 9.394, de 20 dezembro de 1996 (Brasil, 1996): institui a Lei de Diretrizes e Bases da Educação Nacional (LDBEN).
- Decreto n. 3.298, de 20 de dezembro de 1999 (Brasil, 1999): institui a Política Nacional para a Integração da Pessoa Portadora de Deficiência.
- Lei n. 10.172, de 9 de janeiro de 2001 (Brasil, 2001a): aprova o Plano Nacional de Educação (PNE).
- Resolução CNE/CEB (Conselho Nacional de Educação/Câmara de Educação Básica) n. 2, de 11 de setembro de 2001 (Brasil, 2001b): institui as Diretrizes Nacionais para a Educação Especial na Educação Básica.

Esse conjunto de orientações legais traz consigo exigências e particularidades que merecem destaque. Com base nas Diretrizes Nacionais para a Educação Especial na Educação Básica (Resolução CNE/CEB n. 2/2001)*, podemos entender que:

- as diretrizes estabelecem a identificação das necessidades educacionais especiais dos alunos como dever da escola, com assessoramento técnico, mediante sua avaliação no processo de ensino e aprendizagem;
- as metas fixadas pela educação especial recaem em "elaborar padrões mínimos nacionais de infraestrutura, incluindo adaptação dos edifícios escolares para o atendimento dos alunos portadores de necessidades especiais" (Monte; Siqueira; Miranda, 2001, p. 88).

Os normativos legais que reorientam a prática educacional garantem ao aluno incluso não somente vagas no ensino regular para os diversos graus e tipos de deficiências, mas também sua permanência com qualidade, sugerindo que as escolas especiais prestem apoio aos programas de inclusão.

Essas mesmas diretrizes destacam ainda que o atendimento aos alunos com necessidades educacionais especiais deve ocorrer em classes comuns. Um ponto de relevância consiste na determinação de que as escolas comuns devem garantir: professores comuns capacitados e professores especialistas na área de

---

* Para ler as diretrizes na íntegra, consulte Brasil (2001b).

educação especial; flexibilizações e adaptações curriculares; serviços de apoio especializado oferecidos nas classes comuns mediante: colaboração de professor especializado em educação especial, atuação de professores-intérpretes das linguagens e códigos aplicáveis e atuação de outros apoios necessários à aprendizagem, à locomoção e à comunicação; extraordinariamente, classes especiais em caráter transitório; e condições para reflexão e elaboração teórica da educação inclusiva.

Mas o que há na legislação que pode favorecer que se cumpra o proposto e se viabilize a prática realmente inclusiva?

Muitos poderiam dizer que as políticas educacionais brasileiras sempre se mostraram democráticas, porém sugeriam currículos fechados, o que não permitia adequações. Contudo, observamos um grande salto na fundamentação da Lei n. 9.394/1996 (especificamente nos arts. 58 e 59) e na proposta dos Parâmetros Curriculares Nacionais (PCN): o destaque à flexibilidade e à dinamicidade. Essas características contribuem de forma muito positiva para as mudanças que se aprestam na atualidade, pois possibilitam que a flexibilização curricular seja realizada nos diferentes âmbitos, favorecendo a autonomia para efetivar adequações à medida que as dificuldades se apresentem, tornando a escola, seus objetivos e os conteúdos mais compatíveis com as necessidades dos alunos.

Vejamos os seguintes trechos das Diretrizes Nacionais para a Educação Especial na Educação Básica:

> Art. 8º As escolas da rede regular de ensino devem prever e prover na organização de suas classes comuns:
>
> [...]
>
> III – flexibilizações e adaptações curriculares que considerem o significado prático e instrumental dos conteúdos básicos, metodologias de ensino e recursos didáticos diferenciados e processos de avaliação adequados ao desenvolvimento dos alunos que apresentam necessidades educacionais especiais, em consonância com o projeto pedagógico da escola, respeitada a frequência obrigatória;
>
> IV – serviços de apoio pedagógico especializado, realizado, nas classes comuns, mediante:
>
> a) atuação colaborativa de professor especializado em educação especial;
> b) atuação de professores-intérpretes das linguagens e códigos aplicáveis;
> c) atuação de professores e outros profissionais itinerantes intra e interinstitucionalmente;
> d) disponibilização de outros apoios necessários à aprendizagem, à locomoção e à comunicação.
>
> V – serviços de apoio pedagógico especializado em salas de recursos, nas quais o professor especializado em educação especial realize a complementação ou suplementação curricular, utilizando procedimentos, equipamentos e materiais específicos;

[...]

Art. 9º As escolas podem criar, extraordinariamente, classes especiais, cuja organização fundamente-se no Capítulo II da LDBEN, nas diretrizes curriculares nacionais para a educação básica, bem como nos referenciais e parâmetros curriculares nacionais, para atendimento, em caráter transitório, a alunos que apresentem dificuldades acentuadas de aprendizagem ou condições de comunicação e sinalização diferenciadas dos demais alunos e demandem ajudas e apoios intensos e contínuos.

§ 1º Nas classes especiais, o professor deve desenvolver o currículo, mediante adaptações, e, quando necessário, atividades da vida autônoma e social no turno inverso.

§ 2º A partir do desenvolvimento apresentado pelo aluno e das condições para o atendimento inclusivo, a equipe pedagógica da escola e a família devem decidir conjuntamente, com base em avaliação pedagógica, quanto ao seu retorno à classe comum.

Art. 10. Os alunos que apresentem necessidades educacionais especiais e requeiram atenção individualizada nas atividades da vida autônoma e social, recursos, ajudas e apoios intensos e contínuos, bem como adaptações curriculares tão significativas que a escola comum não consiga prover, podem ser atendidos, em caráter extraordinário, em escolas especiais, públicas ou privadas, atendimento esse complementado, sempre que necessário e de maneira articulada, por serviços das áreas de Saúde, Trabalho e Assistência Social. [...] (Brasil, 2001b)

O recorte feito mostra que dispomos de um leque de alternativas para atender à diversidade na escola. Com tantas possibilidades de modificação, corremos o risco de descaracterização do ensino, ou seja, de não estarmos caminhando para o mesmo objetivo.

No momento em que finalizávamos a atualização deste livro, no segundo semestre de 2020, ano conturbado pela pandemia da covid-19 e seus impactos em todas as áreas, incluindo a educação, o governo federal lançou o Decreto n. 10.502, de 30 de setembro de 2020 (Brasil, 2020a), que institui a Política Nacional de Educação Especial: Equitativa, Inclusiva e com Aprendizado ao Longo da Vida.

A política propõe muitas mudanças. A mais criticada foi a flexibilização da possibilidade de educação de alunos com deficiência em escolas ou classes regulares inclusivas, escolas ou classes especializadas e escolas ou classes bilíngues de surdos, segundo a demanda específica dos estudantes. Outro aspecto criticado foi o fato de que a União poderia prestar apoio técnico e assistência financeira aos estados e municípios para implementação do acolhimento e acompanhamento dos educandos que supostamente não se beneficiariam das escolas regulares inclusivas. Isso ocasionou uma reação imediata da sociedade, com várias ações de protesto promovidas em todo o Brasil.

No início de dezembro de 2020, o Ministro Dias Toffoli suspendeu o Decreto n. 10.502/2020 por medida cautelar apresentada pelo Partido Socialista Brasileiro (PSB):

Pelo exposto, **concedo a medida cautelar pleiteada, ad referendum do Plenário, para suspender a eficácia do Decreto nº 10.502/2020,** submetendo esta decisão à referendo na sessão virtual que se inicia no dia 11/12/2020.

Por razões de celeridade processual, solicito, com urgência, informações à parte requerida, no prazo de 3 dias, intimando-se ainda o Advogado-Geral da União e o Procurador-Geral da República para se manifestarem, se for de interesse, antes do julgamento do referendo da presente cautelar.

Comunique-se.

Publique-se. (Brasil, 2020b, grifo do original)

Em 28 de dezembro de 2020, o Supremo Tribunal Federal referendou a liminar deferida pelo Ministro Dias Toffoli, destacando que, por maioria, prevaleceu o entendimento de que a nova proposta fragiliza a inclusão de alunos com deficiência, transtornos globais do desenvolvimento e altas habilidades ou superdotação na rede regular de ensino.

Os avanços com relação ao entendimento do paradigma inclusivo são conquistas sociais e mundiais. Era esperado que propostas de educação que tivessem como base a segregação fossem ressarcidas. No entanto, vale lembrar que, diante da desigualdade nacional e da demora em investimentos numa educação inclusiva de qualidade, muitos alunos estão em condição desfavorável, o que nos leva a pensar que ainda há muitas coisas a serem pensadas e reorganizadas para que a educação seja, de fato, para todos.

O que ensinar respeitando a diversidade cultural e social de um país com a dimensão do Brasil?

A resposta está na organização de pontos mínimos a serem considerados independentemente da condição social, cognitiva ou geográfica. Para caminharmos respeitando a diversidade e com o mesmo objetivo educacional, foram elaborados, no ano de 1998, pelo Ministério da Educação e do Desporto, sob a responsabilidade do então ministro Paulo Renato Souza, os Parâmetros Curriculares Nacionais (PCN). Os PCN

> foram elaborados procurando, de um lado, respeitar diversidades regionais, culturais e políticas existentes no país e, de outro, considerar a necessidade de construir referenciais nacionais comuns ao processo educativo em todas as regiões brasileiras. Com isso, pretende-se criar condições nas escolas que permitam aos nossos jovens ter acesso ao conjunto de conhecimentos socialmente elaborados e reconhecidos como necessários ao exercício da cidadania. (Brasil, 1998, p. 5)

Os PCN têm como característica principal a interdisciplinaridade, um trabalho conjunto entre as áreas do conhecimento. A implementação de temas transversais vem enriquecer o currículo, aprofundando e contextualizando os conteúdos. Outro aspecto estabelecido que favorece a diversidade é a organização em sistema de ciclos, sendo que cada ciclo corresponde a duas séries, o que traz como benefício o respeito ao tempo que cada aluno leva para aprender, além de possibilitar a apresentação de objetos e conteúdos de forma mais integrada.

Se pensarmos nos alunos com alguma dificuldade específica de aprendizagem, a flexibilidade e a dinamicidade dos PCN contribuem de forma determinante para a agilidade de adaptações, possibilitando que a inclusão ocorra, de fato, na aprendizagem e não somente na socialização. Os PCN são, portanto, referenciais que permitem fixar objetivos comuns ao desafio de flexibilizar; porém, é preciso observar que cabe à sociedade, à escola e aos professores, com base em suas percepções e concepções, ponderar suas necessidades e organizar sua ação, de tal forma que a educação não promova a exclusão.

No entanto, existem alguns pontos na Lei n. 9.394/1996 que, ao invés de facilitar a ação do professor, leva a entraves e dúvidas que inviabilizam as ações, influenciando a tomada de decisão diante da diversidade.

A LDBEN de 1996, ainda vigente, apresenta algumas contradições e indefinições que geram ambiguidade e polêmicas. Mazzotta (2003, p. 13) faz uma análise bastante interessante de alguns pontos, entre os quais está a "oscilação entre a adoção dos modelos médico e social na declaração de princípios e nos programas e propostas de ação". Outro ponto contraditório é o fato de que "o sentido empregado para a expressão *educandos com necessidades educacionais especiais* localiza no aluno a origem das necessidades e não esclarece a sua relação com o meio escolar" (Mazzotta, 2003, p. 14, grifo do original). O autor ainda argumenta que as necessidades especiais não decorrem, unilateralmente, do indivíduo, mas se manifestam na relação entre ele e as situações que enfrenta na vida cotidiana.

Mazzotta (2003) salienta o uso de diferentes terminologias como outro destaque, pois aborda uma confusão conceitual entre *integração* e *inclusão*, dois termos utilizados com o mesmo significado num determinado momento, mas, em outras situações, em oposição, ou no sentido de superação da integração pela inclusão. Concordamos com o autor quando afirma que isso causa uma confusão de conceitos e gera conflitos entre defensores da integração e da inclusão, promovendo um distanciamento do objetivo maior de diminuir distâncias.

Parece-nos que há um aspecto que causa muitos questionamentos e polêmicas entre os educadores, o qual Glat (1997) descreve com propriedade. Segundo a autora, a imprecisão aparece quando tentamos definir em que consistem a educação especial e a educação inclusiva. Em alguns textos, essas duas categorias podem configurar-se como propostas opostas, enquanto, em outros, a ideia é que há uma superação entre eles ou uma junção, uma incorporação. Muitos debates concentram-se na desqualificação da educação especial e dos profissionais que nela atuam, como se fossem os culpados pela exclusão. O certo é que, conforme alguns trechos da Lei de Diretrizes Nacionais para a Educação Especial na Educação Básica, como vimos nas páginas anteriores, quem vai dar suporte para o professor do ensino regular será o professor especializado e/ou a escola especial.

Devemos ressaltar que a busca constante por conhecimento e a formação continuada tornam o professor mais crítico e, assim, mais capacitado para tomar decisões e posicionar-se diante das mudanças da atualidade. Conhecer a legislação confere mais capacidade de ação ao professor, além de esclarecer que existem muitas interfaces que permeiam as ideias inclusivas.

1.1.1 Mudanças na legislação brasileira após a Convenção Internacional sobre o Direito das Pessoas com Deficiência

Como vimos anteriormente, a LDBEN e as Diretrizes Nacionais para a Educação Especial na Educação Básica deixam, de alguma forma, muitos aspectos sem especificações.

A Convenção Internacional sobre os Direitos da Pessoa com Deficiência, promulgada pela Organização das Nações Unidas (ONU) em 30 de março de 2007, em Nova York, da qual o Brasil se tornou signatário, oficialmente, pelo Decreto n. 6.949, de 25 de agosto de 2009 (Brasil, 2009), impulsionou uma mudança paradigmática nas condutas relativas às pessoas com deficiência, elegendo a **acessibilidade** como a principal forma de garantir os direitos de pessoas com deficiência. Vejamos um dos principais destaques dessa convenção na área da educação:

Artigo 24

[...]

2. Para a realização desse direito, os Estados Partes assegurarão que:

a) As pessoas com deficiência não sejam excluídas do sistema educacional geral sob alegação de deficiência e que as crianças com deficiência não sejam excluídas do ensino fundamental gratuito e compulsório, sob alegação de deficiência;

[...]

c) Adaptações razoáveis de acordo com as necessidades individuais sejam providenciadas;

d) As pessoas com deficiência recebam o apoio necessário, no âmbito do sistema educacional geral, com vistas a facilitar sua efetiva educação;

e) Medidas de apoio individualizadas e efetivas sejam adotadas em ambientes que maximizem o desenvolvimento acadêmico e social, de acordo com a meta de inclusão plena. [...] (Brasil, 2009)

Desde então, o Estado brasileiro tem buscado, por meio de políticas públicas, atender aos pontos principais desse acordo em relação à autonomia, ao acesso à saúde, à educação, ao trabalho, entre outros aspectos, a fim de possibilitar melhores condições de vida às pessoas com deficiência.

A primeira mudança mais ampla veio com a implementação do **Plano Nacional dos Direitos da Pessoa com Deficiência – Viver sem Limite**, por meio do Decreto n. 7.612, de 17 de novembro de 2011 (Brasil, 2011). O governo federal ressaltou o compromisso do Brasil com as prerrogativas em todos os âmbitos. Houve investimento em diferentes áreas, o que, na educação, foi concretizado, entre outras iniciativas, por meio do Centro Nacional de Referência em Tecnologia Assistiva e do Programa Dinheiro Direto na Escola (PDDE), que destinou 235 milhões de reais para 26 mil escolas em todo o país para a realização de adaptações arquitetônicas para pessoas com deficiência, a aquisição de ônibus adaptados para transporte escolar, entre outras finalidades (Heidrich, 2016; Súmula..., 2014).

Ainda em consonância com a Convenção Internacional sobre os Direitos da Pessoa com Deficiência de 2007, foi aprovada, em 2012, a **Política Nacional de Proteção dos Direitos da Pessoa com Transtorno do Espectro Autista**, por meio da Lei n. 12.764, de 27 de dezembro de 2012 (Brasil, 2012), também conhecida como *Lei Berenice Piana*, autora da proposta e mãe de um jovem com autismo. O maior destaque é que o transtorno do espectro autista deixa de ser visto como um transtorno mental e passa a ser entendido como um transtorno do desenvolvimento; por isso, quem tem autismo passa a ser considerado "pessoa com deficiência, para todos os efeitos legais" (Brasil, 2012), conforme o parágrafo 2º do art. 1º. O Decreto n. 8.368, de 2 de dezembro de 2014, que regulamenta a Lei Berenice Piana, estabelece, no art. 1º:

Art. 1º [...]

Parágrafo único. Aplicam-se às pessoas com transtorno do espectro autista os direitos e obrigações previstos na Convenção Internacional sobre os Direitos da Pessoa com Deficiência e seu Protocolo Facultativo, promulgados pelo Decreto n. 6.949, de 25 de agosto de 2009, e na legislação pertinente às pessoas com deficiência. (Brasil, 2014)

A Lei n. 12.764/2012 e o Decreto n. 8.368/2014 abrangem direitos sociais, de saúde e de educação. Com relação à educação, no art. 4º, parágrafo 2º, desse decreto, está previsto que se deve "assegurar o direito da pessoa com transtorno do espectro autista à educação, em sistema educacional inclusivo, garantida a transversalidade da educação especial desde a educação infantil até a educação superior" (Brasil, 2014).

O decreto também estipula a cobrança de multa em caso de a instituição de ensino negar a matrícula, o que constitui uma novidade. No art. 4°, parágrafo 2°, há destaque para o direito de um acompanhante especializado (tema que abordaremos mais à frente):

> § 2° Caso seja comprovada a necessidade de apoio às atividades de comunicação, interação social, locomoção, alimentação e cuidados pessoais, a instituição de ensino em que a pessoa com transtorno do espectro autista ou com outra deficiência estiver matriculada disponibilizará acompanhante especializado no contexto escolar, nos termos do parágrafo único do art. 3° da Lei n° 12.764, de 2012. (Brasil, 2014)

Finalmente, depois de consulta pública em 2015, foi assinada a Lei n. 13.146, de 6 de julho de 2015 (Brasil, 2015) – Lei Brasileira de Inclusão da Pessoa com Deficiência (LBI), também chamada de **Estatuto da Pessoa com Deficiência**. A sanção da LBI, apesar de alguns vetos no texto, representa enorme vitória a favor do respeito à equidade de direitos da pessoa com deficiência, consolidando, em legislação, antigas demandas sociais. Quando comparada às demais legislações da América Latina e da Europa, essa lei está bem mais em acordo com a Convenção Internacional da ONU de 2007, assegurando, de forma detalhada, os direitos de pessoas com deficiência em todos os âmbitos (vale a leitura na íntegra da lei). Com relação à educação, muitos avanços foram alcançados, como indica o art. 27:

> Art. 27. A educação constitui direito da pessoa com deficiência, assegurados sistema educacional inclusivo em todos os níveis e aprendizado ao longo de toda a vida, de forma a alcançar o máximo desenvolvimento possível de seus talentos e habilidades físicas, sensoriais, intelectuais e sociais, segundo suas características, interesses e necessidades de aprendizagem. (Brasil, 2015)

A LBI não é perfeita, mas é bem mais detalhada do que as anteriores, oferecendo mais recursos para minimizar barreiras que dificultem a acessibilidade em todos os âmbitos, consolidando a busca por direitos. Destacamos aqui o art. 28:

> Art. 28. Incumbe ao poder público assegurar, criar, desenvolver, implementar, incentivar, acompanhar e avaliar:
>
> I – sistema educacional inclusivo em todos os níveis e modalidades, bem como o aprendizado ao longo de toda a vida;
>
> II – aprimoramento dos sistemas educacionais, visando a garantir condições de acesso, permanência, participação e aprendizagem, por meio da oferta de serviços e de recursos de acessibilidade que eliminem as barreiras e promovam a inclusão plena;

III – projeto pedagógico que institucionalize o atendimento educacional especializado, assim como os demais serviços e adaptações razoáveis, para atender às características dos estudantes com deficiência e garantir o seu pleno acesso ao currículo em condições de igualdade, promovendo a conquista e o exercício de sua autonomia;

IV – oferta de educação bilíngue, em Libras como primeira língua e na modalidade escrita da língua portuguesa como segunda língua, em escolas e classes bilíngues e em escolas inclusivas;

V – adoção de medidas individualizadas e coletivas em ambientes que maximizem o desenvolvimento acadêmico e social dos estudantes com deficiência, favorecendo o acesso, a permanência, a participação e a aprendizagem em instituições de ensino;

VI – pesquisas voltadas para o desenvolvimento de novos métodos e técnicas pedagógicas, de materiais didáticos, de equipamentos e de recursos de tecnologia assistiva;

VII – planejamento de estudo de caso, de elaboração de plano de atendimento educacional especializado, de organização de recursos e serviços de acessibilidade e de disponibilização e usabilidade pedagógica de recursos de tecnologia assistiva;

VIII – participação dos estudantes com deficiência e de suas famílias nas diversas instâncias de atuação da comunidade escolar;

IX – adoção de medidas de apoio que favoreçam o desenvolvimento dos aspectos linguísticos, culturais, vocacionais e profissionais, levando-se em conta o talento, a criatividade, as habilidades e os interesses do estudante com deficiência;

X – adoção de práticas pedagógicas inclusivas pelos programas de formação inicial e continuada de professores e oferta de formação continuada para o atendimento educacional especializado;

XI – formação e disponibilização de professores para o atendimento educacional especializado, de tradutores e intérpretes da libras, de guias intérpretes e de profissionais de apoio;

XII – oferta de ensino da libras, do sistema braille e de uso de recursos de tecnologia assistiva, de forma a ampliar habilidades funcionais dos estudantes, promovendo sua autonomia e participação;

XIII – acesso à educação superior e à educação profissional e tecnológica em igualdade de oportunidades e condições com as demais pessoas;

XIV – inclusão em conteúdos curriculares, em cursos de nível superior e de educação profissional técnica e tecnológica, de temas relacionados à pessoa com deficiência nos respectivos campos de conhecimento;

XV – acesso da pessoa com deficiência, em igualdade de condições, a jogos e a atividades recreativas, esportivas e de lazer, no sistema escolar;

XVI – acessibilidade para todos os estudantes, trabalhadores da educação e demais integrantes da comunidade escolar às edificações, aos ambientes e às atividades concernentes a todas as modalidades, etapas e níveis de ensino;

XVII – oferta de profissionais de apoio escolar;

XVIII – articulação intersetorial na implementação de políticas públicas.

§ 1º Às instituições privadas, de qualquer nível e modalidade de ensino, aplica-se obrigatoriamente o disposto nos incisos I, II, III, V, VII, VIII, IX, X, XI, XII, XIII, XIV, XV, XVI, XVII e XVIII do caput deste artigo, sendo vedada a cobrança de valores adicionais de qualquer natureza em suas mensalidades, anuidades e matrículas no cumprimento dessas determinações. [...] (Brasil, 2015)

Fica fácil observar alguns destaques propostos pela LBI que, embora tenham sido sugeridos antes, na LDBEN de 1996, somente agora são previstos de forma clara e sem margem para outras interpretações. Nesse sentido, a LBI explicita:

- ensino em salas inclusivas;
- construção de um projeto pedagógico;
- adaptações razoáveis para atender às características dos estudantes com deficiência para que tenham pleno acesso ao currículo em condições de igualdade (inciso III do art. 28);
- adoção de medidas individualizadas e coletivas que maximizem seu desenvolvimento e favoreçam a participação e o aprendizado do estudante com deficiência (inciso V do art. 28);
- incentivo à realização de pesquisas voltadas para o desenvolvimento de novos métodos e técnicas pedagógicas, bem como de materiais didáticos e recursos de tecnologia assistiva (inciso VI do art. 28).

Por fim, a lei evidencia a adoção de práticas pedagógicas inclusivas nos programas de formação inicial e continuada de professores.

Observamos a adoção de diferentes termos, como *adequações curriculares*, *adaptações curriculares*, *adequações curriculares individualizadas* e *flexibilização curricular*, utilizados para denominar as ações pedagógicas e sugerir as formas de se ensinar em salas de aula inclusivas. Entretanto, cabe atentar para a expressão *adaptações razoáveis* (inciso III do art. 28 da LBI). Como entender essa expressão, como definir o que é razoável no âmbito de um projeto político-pedagógico?

No art. 3º, inciso VI, da LBI, encontramos a seguinte definição:

> VI – adaptações razoáveis: adaptações, modificações e ajustes necessários e adequados que não acarretem ônus desproporcional e indevido, quando requeridos, em cada caso, a fim de assegurar que a pessoa com deficiência possa gozar ou exercer, em igualdade de condições e oportunidades com as demais pessoas, todos os direitos e liberdades fundamentais. (Brasil, 2015)

Na expressão *adaptações razoáveis* se enquadram tanto os profissionais de apoio como uma prova ampliada ou uma prova em vídeo traduzida para a libras, por exemplo.

Embora a LBI, como já mencionamos, seja mais detalhada do que as demais, o uso de terminologias abrangentes permite diferentes interpretações. Mais uma vez, identificamos aspectos que podem gerar dúvida a respeito das implementações possíveis e necessárias na prática e abrem possibilidades a outros entendimentos. Podemos imaginar que as "adaptações razoáveis" são elementos que se destinam a contemplar as diferentes necessidades de cada pessoa com deficiência.

Mesmo com esse esclarecimento, esse parece um ponto frágil de interpretação, mais evidente quando se estabelece a Base Nacional Comum Curricular (BNCC), cujas propostas, ao serem analisadas pelo viés inclusivo, novamente parecem contraditórias, gerando críticas.

1.1.2 A Base Nacional Comum Curricular (BNCC) e a inclusão

Em meio a tantas legislações que contemplam a inclusão, cujas ideias e implementações, na prática, ainda estão em fase de "digestão", deparamo-nos, em 22 de dezembro de 2017, com a Resolução CNE/CP n. 2, que institui e orienta a implantação da BNCC (Brasil, 2017). A comunidade escolar vive, neste momento, uma avalanche de informações e propostas de mudança que, certamente, ainda causam desconforto e críticas, uma vez que exigirão uma reformulação em todos os âmbitos educacionais. A BNCC é resultado de uma discussão sobre o currículo que se iniciou em 2014 e foi homologada em 2017. Trata-se de um documento que determina os conhecimentos essenciais que todos os alunos da educação básica devem adquirir, ano a ano, independentemente do lugar onde moram ou estudam. Todos os currículos de todas as redes de ensino do país, públicas e particulares, deverão contemplar esse conteúdo. Essa base é obrigatória e está prevista na LDBEN e no PNE. Ela potencializa políticas educacionais, tendo como principal meta reduzir desigualdades e garantir os direitos de aprendizagem, quaisquer que sejam as condições geográficas e socioeconômicas. De acordo com a referida resolução, o prazo máximo para as redes de ensino fazerem a revisão dos currículos era o ano letivo de 2020.

O que muda, na prática, para as escolas? O que precisa ser observado com relação à educação inclusiva?

São muitas mudanças. Há uma urgência para o conteúdo da BNCC ser incorporado às propostas curriculares, aos planos de aula e às estratégias de cada escola. Vamos relembrar que a BNCC não é o currículo, é apenas um conjunto de referências a serem atendidas pelos currículos de cada escola, por isso cada instituição tem liberdade para se organizar, garantindo o respeito à diversidade que a caracteriza durante a construção.

A BNCC é muito mais completa do que todas as demais diretrizes curriculares propostas pelo governo até o momento. As principais mudanças que devem acontecer estão em diferentes âmbitos sugeridos por essa base, como: elaboração dos currículos locais, formação inicial e continuada dos professores, material didático, avaliação e apoio pedagógico aos alunos. Como já destacamos, essa reorganização deve ocorrer nas redes municipais, estaduais e privadas.

Entre as pessoas, os profissionais e as instituições que há muito lutam pela inclusão justa, numa perspectiva de equidade, um termo utilizado na BNCC tem sido duramente questionado. Vejamos o trecho a seguir:

> as decisões curriculares e didático-pedagógicas das Secretarias de Educação, o planejamento do trabalho anual das instituições escolares e as rotinas e os eventos do cotidiano escolar devem levar em consideração a necessidade de superação dessas desigualdades. Para isso, os sistemas e redes de ensino e as instituições escolares devem se planejar com um claro foco na **equidade**, que pressupõe reconhecer que as necessidades dos estudantes são diferentes.
>
> De forma particular, um planejamento com foco na equidade também exige um claro compromisso de reverter a situação de exclusão histórica que marginaliza grupos – como os povos indígenas originários e as populações das comunidades remanescentes de quilombos e demais afrodescendentes – e as pessoas que não puderam estudar ou completar

sua escolaridade na idade própria. Igualmente, requer o compromisso com os alunos com deficiência, reconhecendo a necessidade de práticas pedagógicas inclusivas e de diferenciação curricular, conforme estabelecido na Lei Brasileira de Inclusão da Pessoa com Deficiência (Lei n. 13.146/2015). (Brasil, 2018, p. 15-16, grifo do original)

Essa citação apresenta dois pontos que exigem reflexão. O primeiro se refere à afirmação sobre a necessidade de "diferenciação curricular", expressão que causa preocupação. A luta pela garantia de direitos não pode estar pautada numa prática pedagógica que diferencia o sujeito em razão da condição de deficiência. O termo *diferenciação* sugere isso, o que seria um crime, conforme a convenção da ONU. Já existem tantos termos em voga no momento que a introdução de outro causa, no mínimo, surpresa e, para muitos movimentos sociais em prol da inclusão, também indignação. Por melhor que tenha sido a intenção por parte da equipe que organizou a BNCC, o uso de um termo como esse gera preocupação, pois pode ser interpretado de muitas formas.

O segundo aspecto a ser examinado com atenção é o fato de que o texto da BNCC sugere que a expressão *diferenciação curricular* está em consonância com a LBI, fazendo uma citação equivocada a essa lei, pois, como vimos, a LBI optou pelo termo *adaptações razoáveis*.

1.2
O currículo e seu compromisso com a diversidade

A pluralidade do alunado e das relações que se estabelecem no contexto escolar evidencia a complexidade da organização de um currículo coerente com a diversidade. Nesse sentido, o currículo torna-se a base para estruturar situações de inclusão e de exclusão que começam na sala de aula.

E o que é currículo?

Coll (2000, p. 45) apresenta uma definição atual e objetiva que vale nossa atenção:

> Entendemos o currículo como o projeto que preside as atividades educativas escolares, define suas intenções e proporciona guias de ação adequadas e úteis para os professores, que são diretamente responsáveis pela sua execução. O currículo proporciona informações concretas sobre o que ensinar, quando ensinar, como ensinar e o que, como e quando avaliar. Um currículo é uma tentativa de comunicar os propósitos educativos de tal forma que permaneça aberto à discussão crítica e possa ser efetivamente transladado em prática.

A concepção do currículo requer, diretamente, que se considere quem o planeja (o professor) e para quem ele é planejado (o aluno). A subjetividade de cada um desses dois sujeitos envolvidos influencia a organização. O professor, enquanto planeja, é influenciado por suas concepções pessoais, seus valores, sua história de vida, sua formação, entre outros aspectos. Com base neles, o docente pode fazer seu planejamento tendo em vista o aluno e suas potencialidades, dificuldades e necessidades. Além disso, o professor leva em conta os recursos materiais que terá disponíveis e o contexto no qual vai utilizá-los. Tendo em vista a complexidade das variáveis intervenientes nesse processo, entendemos por que é tão evidente o compromisso do currículo com a diversidade e, ao mesmo tempo, tão difícil contemplá-la.

Acompanhando esse raciocínio, você saberia apontar qual é a principal característica que temos em comum como seres humanos?

Nossa principal característica em comum é a diversidade, nossa principal semelhança é a diferença. Por um instante, reflita: quando vamos a uma loja para comprar um sapato ou uma roupa, deparamo-nos com modelos, tamanhos, cores e preços diferentes para atender às singularidades de cada indivíduo. Falar em diversidade e pluralidade por meio de uma visão holística inclui o professor, o aluno, a família do aluno, a comunidade, o ambiente e todo o contexto. Implica refletir sobre concepções, valores, identidades, histórias, capacidades e habilidades individuais. Por isso enfatizamos que a subjetividade de todos os envolvidos deve ser contemplada – a de quem organiza o currículo (o professor) e a daquele para quem é organizado (o aluno) –, assim como o contexto no qual se encontram. Visto dessa maneira, o currículo não é documento frio, descontextualizado; ao contrário, é algo vivo, feito por gente para gente, e que precisa ser considerado como **ação**.

Todo currículo escolar carrega as marcas da cultura à qual pertence (ou pertencia). Por essa razão, entendemos que no currículo escolar estão contidos mais do que os conteúdos: nele estão também as concepções de vida do indivíduo e todas as relações interpessoais que ele estabelece ao longo de sua história.

Coll (2000, p. 49) considera imprescindível, antes de preparar o currículo, buscar as informações provenientes da análise psicológica dos indivíduos e do próprio contexto escolar, pois essa análise revelará os "processos subjacentes ao crescimento pessoal". Além disso, possibilita "selecionar objetivos e conteúdos, para estabelecer sequências de aprendizagem que propiciem ao máximo a assimilação significativa dos conteúdos e a consecução dos objetivos" (Coll, 2000, p. 49), e viabiliza a escolha da melhor forma de ensinar e avaliar. Em outras palavras, tudo o que adentra a sala de aula reflete-se nas concepções e nas possibilidades dos envolvidos.

É preciso formar uma percepção crítica para entender que tratar de diversidade no currículo não é comemorar, no mês de maio, a libertação da escravatura com cartazes ou lembrar, em uma apresentação, o Ano Internacional da Pessoa com Deficiência. É, sim, estruturá-lo de forma que as diferenças raciais, culturais, familiares, de gênero, religiosas, de aptidões e de habilidades sejam entendidas e contempladas no cotidiano. Para isso, é necessária uma rede complexa de buscas, priorizando-se fontes de informações que atendam à necessidade de definir objetivos, conteúdos, atividades de aprendizagem, planos de ação e objetos de avaliação.

A amplitude conceitual e os limites largos da atual flexibilidade do currículo permitem que nele se organize uma variedade de representações. Assim, é possível ajustá-lo, por essa via, aos mais diferentes interesses e visões de mundo. Todavia, como educadores, precisamos conhecer esse conjunto de informações. Por um lado, não precisamos assumir uma postura eclética que vergue facilmente em face de qualquer vento modista, conduzindo a prática pedagógica de forma contraditória. Por outro, não consideramos que, ao adotarmos uma concepção, temos de ser de tal forma fidedignos a ela que devemos desprezar outras que, de alguma forma, podem, sim, trazer alguma contribuição para atender às diversidades de aprendizagens. Sabemos, pois, que as situações vividas em sala de aula são muito mais complexas do que objetivos comportamentais possam expressar.

Uma escola consegue organizar um currículo inclusivo quando reconhece a complexidade das relações humanas (nesse caso, entre professor e aluno), a amplitude e os limites de seus objetivos e ações; quando entende o ambiente escolar como um espaço relacional que estabelece laços que contribuem para a formação de uma identidade individual e social. O professor organiza e pratica o currículo enquanto constrói e reconstrói suas concepções, percepções e escolhas, e o mesmo acontece com o aluno enquanto aprende.

Em outras palavras, estar na escola não significa que o aluno esteja aprendendo. A escola preocupa-se muito com a aprendizagem e pouco com o sujeito que está aprendendo. Por tudo isso, torna-se inegável que a marca da história de vida pessoal de cada um reflete na definição de suas opções, percepções e escolhas.

Chegamos a um ponto de entendimento muito importante: o currículo não pode ser organizado com base em uma visão linear, pois nasce *de* e *para* uma relação dialética – professor-aluno, escola-comunidade, ensino-aprendizagem.

Você, leitor, pode questionar: Isso funciona na teoria, mas como correlacionar isso com a prática? Se estamos falando em complexidade, como viabilizar mudanças? É preciso mudar o currículo?

Na verdade, o que parece ser mais viável é uma reflexão sobre o currículo para melhorar a prática, e não a elaboração de novas teorias sobre o currículo. Primeiro, é importante olhar para ele como um agente de mudança, construtor de opiniões, capaz de melhorar a qualidade da educação. Nesse ponto, devemos considerar uma visão circular, holística, tentando articular três dimensões, como as sugeridas por Torres González (2002):

- **Reflexão**: Envolve bases filosóficas e ideológicas, princípios, objetivos, entre outros aspectos, que fundamentam a reflexão sobre o currículo.
- **Estratégia**: Inclui diferentes modalidades, níveis e elementos do currículo (como pretendemos fazer acontecer).
- **Ação**: Acontece a partir do que foi pensado e programado anteriormente; implica a capacidade de colocar a teoria em prática, tendo em vista seus aspectos especiais e diferenciais, as adaptações curriculares e o que mais for necessário.

As três dimensões estão completamente interligadas e, se bem exercitadas, tornam-se complementares, pois da reflexão surgem as estratégias que embasam a ação, transformando o currículo em fator de mudança que afeta os pensamentos, as atitudes e as ações do professor, de modo a possibilitar uma resposta mais adequada à diversidade.

Para isso, no entanto, há a necessidade de uma tomada de decisão que torne o currículo aberto e transformador, acolhendo-se a diversidade, a complexidade e a heterogeneidade como características essenciais e renunciando-se a um pensamento simples, homogêneo e uniforme.

Conhecer o aluno e o professor, suas características pessoais e o campo de relações sociais em que estão envolvidos permite-nos redimensionar as ideias ainda vigentes sobre o diferente, visto que é na diversidade das relações que nos constituímos como sujeitos de um determinado tempo, de uma dada cultura. Em outras palavras, é assim que construímos nossas possibilidades de ser, de fazer e de aprender sobre nós e sobre o mundo.

1.3 O professor, sua formação e suas concepções diante da educação inclusiva

Iniciamos esta discussão por um ponto bastante polêmico: a expectativa depositada no professor que atua na escolarização de alunos com necessidades educacionais especiais, considerando-o um **profissional de educação**, responsável pelo aluno matriculado, independentemente de sua formação ou familiaridade com as especificidades desse aluno. Certamente, você já ouviu esse discurso "lindo" e "simplista", como se atender com eficiência à diversidade do alunado dependesse somente da "boa vontade docente". Nessa visão, o professor teria condições de "dar conta", pois essa é sua profissão.

É evidente que não concordamos com esse discurso, que tende a ser unilateral e, em parte, inconsequente. Precisamos refletir mais detalhadamente sobre a realidade atual e as proposições da legislação para que possamos construir estratégias que ajudem o profissional de educação a posicionar-se de forma mais adequada e segura diante das mudanças da contemporaneidade. Com isso, poderemos entender por que a inclusão tem gerado tanta polêmica e por que é tão difícil de ser efetivada realmente.

Consideramos a inclusão como um paradigma possível, necessário e urgente, tendo em vista a constatação da diversidade como elemento integrante da natureza humana. Porém, sua implantação esbarra, a todo momento, em práticas que privilegiam a homogeneidade – a semelhança como princípio constitutivo. Quem difere desse conjunto "homogêneo" fatalmente cairá em exclusão educacional. Para que isso não aconteça, as práticas pedagógicas devem ser diversificadas, o que depende, em grande parte, da capacidade do docente. Contudo, é um disparate esperarmos que todos os professores sejam igualmente capazes de acolher a diversidade, visto que não estaríamos considerando a necessidade de se entender a subjetividade do docente como pessoa, que tem também suas facilidades e dificuldades no exercício de sua profissão.

1.3.1 Os sentimentos e o professor

De acordo com Sacristan (2000), entre os muitos conflitos vividos pela educação, cabe destacar que não é a prática pedagógica a ser definida, por si só, que produz efeito entre as soluções propostas, e sim o papel que o professor ocupa nessa prática. Reconhecemos que a prática pedagógica é composta por um conjunto de fatores mais abrangentes do que um conjunto de experiências e identificamos nesse contexto a importância dos recursos pessoais do professor, considerados como a base que o aproximará ou o afastará de novas ideias. De nada adianta falarmos de currículo se desconsiderarmos a subjetividade do professor, como já mencionamos.

Por que sempre falamos do professor e lhe fazemos cobranças?

O professor é o eixo principal. Ele tem em suas mãos a possibilidade de agir. Ele não pode tudo, mas pode muito. O professor sabe muito do aluno, mais do que imagina. Tem potencial invejável para organizar estratégias de ação e modificá-las em segundos, diante de seus alunos. Todavia, esquecemos que ele é uma pessoa, com uma história de vida, concepções próprias, sentimentos, preconceitos, medos, ansiedades, oriundos de suas experiências de vida anteriores.

Autores como Becker (2001), Amaral (1998) e outros têm demonstrado a importância de considerarmos as concepções do professor como componentes fundamentais na prática pedagógica. É preciso levar em conta as exigências que o cotidiano impõe para os professores, as condições reais que delimitam sua esfera de vida pessoal e profissional, para não corrermos o risco de termos uma visão limitada da ação docente.

Se o professor é um sujeito com história de vida e experiências próprias, interage com os alunos com base nas relações estabelecidas ao longo de sua vida pessoal, de sua formação profissional e de sua prática pedagógica, retratando seu modo de ser e de agir, suas concepções (Marques, 2001). Mesmo quando suas práticas pedagógicas se pautam em pressupostos de inclusão, elas podem vir acompanhadas de concepções excludentes e segregacionistas.

Ouvir o professor e buscar entender suas concepções são elementos fundamentais para estruturar uma relação adequada entre o currículo e a ação pedagógica. Correlacionar seus pensamentos com as dificuldades do cotidiano significa entender que a subjetividade do professor compõe o currículo. Muitos pesquisadores têm se dedicado a analisar o professor e suas concepções sobre a inclusão. Entre eles, encontramos trabalhos como os de Silva (2009), desenvolvidos em Curitiba, em que se perguntou aos professores se eles se sentem preparados para atender alunos com necessidades educativas especiais. A autora identificou que a maioria dos professores (68%) têm formação superior e especialização/pós-graduação (44%) em alguma área. Alguns resultados mostram que os docentes:

- acreditam estar preparados, mas destacam o desejo de mais aperfeiçoamento;
- não se sentem preparados (42%), mas estão dispostos a se aperfeiçoar;

- dizem não estar preparados e não querem se aperfeiçoar para atender alunos com necessidades educacionais especiais (19%).

Podemos concluir, então, que 61% dos professores não se sentem preparados para receber alunos especiais, índice que justifica o fato de 71% deles, na mesma pesquisa, terem afirmado que a inclusão não está acontecendo de forma harmoniosa na prática.

Marques (2001) ouviu professores no Nordeste brasileiro e constatou que apenas 20% deles têm formação superior e que 87% dizem estar despreparados para atender alunos com dificuldades. Fica evidente que, de norte a sul do país, os professores, independentemente de sua formação, têm dificuldade com a diversidade do alunado. Muitos fatores justificariam esse fato, sendo um dos principais os sentimentos do professor que embasam suas concepções diante do aluno com necessidades educativas especiais.

Os sentimentos estão na base de todos os relacionamentos. Quando os pais ficam sabendo que têm um filho com necessidades especiais, experimentam sentimentos muito fortes e bastante característicos. Em um primeiro momento, vem o **choque**, pois é, na maioria das vezes, uma notícia inesperada – ninguém imagina ou deseja ter um filho com alguma necessidade especial. Depois, vem uma fase de descrença, de **negação**, na qual os pais pensam que isso pode não ser verdade. Logo que percebem a realidade, sentem **culpa**, às vezes **raiva**, **medo**, **angústia** e **preconceito**, e enfrentam um processo de **luto** pelo filho do desejo que não veio. Esses sentimentos são perfeitamente naturais e aceitáveis diante de uma situação dessa magnitude.

Aos poucos, a angústia dá lugar a uma fase de **ressignificação**: repensar a situação, olhar o mesmo fato sob outra perspectiva. Os pais passam, então, a olhar para seu filho e não para a dificuldade, a vibrar com suas conquistas por menores que elas sejam, a buscar ajuda, a lutar pela criança, independentemente de seu comprometimento. O tempo que os pais levam para chegar a essa fase harmônica pode variar muito, pois depende de suas experiências de vida anteriores e de sua capacidade de se adaptar ao meio.

É importante salientar que esses sentimentos não são exclusivos dos pais, mas de todas as pessoas diante da adversidade. Os professores também passam por sentimentos confusos, às vezes pelas mesmas fases, quando recebem um aluno com necessidades especiais, podendo igualmente resistir, negar, paralisar, de acordo com sua disponibilidade pessoal. No ambiente escolar, os desafios de lidar com a diversidade ficam evidenciados. Nas sutilezas das situações, vemos que o professor tem condições de promover uma prática que respeite a singularidade de cada indivíduo.

Um trabalho que merece destaque é o desenvolvido por Mattos e Benevides (2003). As autoras estudaram os sentimentos do professor diante dos alunos com necessidades especiais e constataram que a palavra *medo* foi a que apareceu com mais frequência, ficando em segundo plano palavras como *amor e carinho*. Isso revela que o medo é a emoção predominante apontada pelos professores diante da deficiência dos alunos (independentemente do tipo de deficiência – física, sensorial ou intelectual).

Os resultados apresentam a palavra *medo* relacionada diretamente ao termo *eu* e a palavra *preconceito* às demais pessoas, *eles* (pessoas com deficiência) e *sociedade*. Podemos entender que "eu tenho medo e os outros têm preconceito". As autoras relacionam também os sentimentos apontados: medo e preconceito. Certamente, o medo do desconhecido nos angustia; o medo é natural, um mecanismo de defesa que nos protege.

Você já pensou que o medo, a angústia e a insegurança em atender alunos com necessidades educacionais especiais podem ter relação com preconceito? Será que o fracasso do aluno é o fracasso do professor?

Entendemos o medo como uma das emoções que embasam uma conduta preconceituosa. O medo é descrito por Delumeau (1998, p. 71) como "uma emoção-choque, frequentemente precedida de surpresa, provocada pela tomada de consciência de um perigo presente e urgente que ameaça, cremos nós, a nossa conservação". Caracterizando-se talvez como a mais antiga e visceral emoção (do latim *emovere* – "movimentar", "deslocar"), o medo é considerado uma emoção básica, primária, uma reação manifesta diante de condições afetivas que mobilizam algum tipo de ação. É ambíguo, pois pode ser uma defesa essencial contra o perigo, porém também pode criar bloqueios, impedindo o enfrentamento da ameaça.

A grande maioria dos medos que temos tem origem cultural e é transmitida por nossos pais ou familiares desde pequenos. Nesse sentido, de acordo com Delumeau (1998, p. 32), "há uma diferença entre o medo individual ou particular e os medos culturais ou nomeados".

Mattos e Benevides (2003, p. 88) fazem uma explanação interessante sobre os tipos de medo:

> Os medos particulares constituem-se numa reação emocional a um objeto determinado ao qual se pode fazer frente (como uma defesa). Já os medos nomeados são reações emocionais diante de situações ou objetos que se desconhece. Tal situação desencadeia a angústia (bloqueio difuso). Diante da angústia, o indivíduo tende a fazer uso do mecanismo da projeção para nomear a angústia, tornando preciso o que era difuso. Com isso, o objeto, agora nomeado a partir das reações de inadequação do indivíduo, passa a ser responsável pelo seu medo, e portanto, alvo de condutas

e respostas que vão de uma simples resistência, passando pelo temor e hostilidade, agressão até atitudes explícitas de exclusão e extermínio. Isso é o preconceito, ou seja, "tentativa" de enfrentamento de emoções intensamente dolorosas, como o medo e a ansiedade face ao que é identificado no objeto externo no outro.

Quando o medo é localizado e identificado, ganha um nome. Assim, diante desse medo nomeado, o indivíduo passa a ter reações características de resistência e/ou de hostilidade, podendo chegar à agressão. Podemos tomar como exemplo o medo que alguém possa ter de cachorro. Não chegar perto, não manifestar apego ao animal e, até mesmo, agredi-lo em alguma situação particular em que se sinta ameaçado são ações características. Mattos e Benevides (2003) explicam que, às vezes, é possível que o indivíduo não tenha consciência do que o perturba.

Para evitar uma situação desagradável que cause ansiedade, o preconceito aparece, muitas vezes, para nos defender de emoções que nos causem sofrimentos. Temos um (pré)conceito sobre o que não conhecemos direito, o que nos causa insegurança. Se consultarmos o dicionário, encontraremos a definição de *preconceito* como "opinião antecipada, sem maior ponderação dos fatos, intolerância" (Ferreira, 2002, p. 37). Isso explica o que muitos sentem diante do diferente, como no caso de uma pessoa com deficiência, um doente ou um desajustado socialmente; isso tudo está atrelado às nossas concepções.

Todos os profissionais que trabalham com pessoas têm seus sentimentos aflorados em face das relações que se estabelecem. Não estamos lidando com uma máquina, que não reage a nossa presença ou a nossa provocação. Assim, as emoções estão, também, na base das ações pedagógicas e constituem o currículo oculto. Muitas vezes, entretanto, elas não têm sido levadas em consideração nas capacitações oficiais nem no trabalho cotidiano das escolas. O preconceito, por exemplo, é um sentimento natural, representa nossos medos, e não necessariamente a falta de aceitação do outro. Podemos, então, entender o preconceito como uma resposta ao medo e à angústia que o desconhecido, o diferente, provoca. O fundamental é que tanto o medo como o preconceito podem ser superados com a aquisição de novos conhecimentos, sejam teóricos, sejam vivenciais.

Os professores recebem em sua sala alunos diferentes e vão relacionar-se com eles com base em suas experiências de vida, sua formação profissional e sua prática pedagógica. Refletem sua forma de ser e agir, enfim, suas concepções. Estas, por sua vez, perpassam as ações pedagógicas, contribuindo para o sucesso ou o fracasso escolar.

Tendo isso em vista, ao identificarmos as necessidades dos professores, suas dificuldades e as relações que se estabelecem tanto em sua vida pessoal como profissional, podemos propor alternativas mais eficientes de intervenção na formação de professores, buscando ideias que provoquem transformações reais nas dimensões do saber, do ser e do fazer do professor.

1.3.2 A formação profissional docente

A formação básica do professor que está, hoje, em escolas regulares acolhendo os alunos em inclusão (com necessidades educativas especiais) não o preparou para isso. Reservamos um espaço neste capítulo para discutir a formação do professor, uma vez que nos parece evidente que esta deve ser a base das modificações almejadas por todos.

Até aqui, falamos sobre diversidade, direitos e sentimentos. De quem estávamos falando? Certamente, não era somente do aluno.

Falar de inclusão é falar de um propósito muito abrangente, uma jornada longa que propiciará também aos professores o direito de construir e de ampliar suas habilidades como sujeitos e profissionais. Inclusão envolve, por um lado, o direito do professor de ter apoio e oportunidade para seu desenvolvimento profissional e, por outro, o direito dos pais de esperar que seus filhos recebam educação adequada.

Durante décadas, a formação dos professores para a educação especial foi feita à parte da formação docente de uma maneira geral. Nessa época, somente alguns se interessavam, por motivos variados, em especializar-se na educação de crianças com alguma deficiência. Assim, surgiram os cursos adicionais que poderiam ser feitos após a conclusão do magistério. Somente alguns cursos de magistério e alguns currículos dos cursos de Psicologia contemplaram uma disciplina semestral de Psicologia do Excepcional. Contudo, isso certamente não capacitava os acadêmicos, apenas lhes proporcionava uma noção básica e limitada sobre as diferentes deficiências. No Brasil, o primeiro mestrado na área de Educação Especial só foi criado na década de 1970, o que evidencia o pouco investimento no ensino e na pesquisa nessa área naquele contexto.

Em 1974, a área chamada de *educação de excepcionais* passou a ser denominada *educação especial* após a criação do Centro Nacional de Educação Especial (Cenesp), do Ministério da Educação e Cultura (MEC), com o financiamento de cursos de pós-graduação na área e convênios com instituições americanas para capacitações de professores no Brasil. Ampliou-se a participação de pesquisadores brasileiros em eventos internacionais, surgindo as habilitações em Educação Especial nos cursos de Pedagogia e a licenciatura em Educação Especial.

Novos tempos, novas ideias. Segundo Mantoan (2003), a inclusão questiona as políticas e a organização da educação especial e regular, bem como tem por objetivo não deixar ninguém fora do ensino regular, impulsionando as modificações na formação oferecida aos professores. Para a autora, a inclusão propõe para o sistema educacional vários desafios a serem vencidos:

- o reconhecimento da necessidade de novas maneiras de entender e educar seus educandos;
- a ênfase na preparação continuada da equipe escolar;
- o incentivo à formação de profissionais especializados, em graduação e pós-graduação, para prestar apoio aos professores generalistas;
- o investimento em pesquisas, por parte de mestres e doutores, que apoiem a ação educativa.

Certamente, há um reconhecimento da importância de cursos de formação e especialização que atendam às necessidades práticas. Isso requer professores universitários, mestres e doutores que não só dominem a situação teoricamente, mas também, e principalmente, sejam capazes de se preparar para a prática da educação inclusiva. Evidenciou-se igualmente a urgência de pesquisas na área que favoreçam o conhecimento das necessidades do professor e de metodologias mais adequadas para cada situação em particular.

Como entender o que precisa fazer parte da formação do professor?

De acordo com Perrenoud (2000), a formação do professor exige uma ação pedagógica dinâmica que envolve tomar decisões variadas, conforme sua bagagem de saberes, agilidade nos esquemas de ação, concepções e forma de olhar o mundo. A ação pedagógica pressupõe a relação entre teoria e prática. Para o autor citado, como teoria, essa ação requer a sistematização de saberes e reconhecimento de anseios e necessidades que correspondem à subjetividade do professor; como prática, constitui-se na experiência, na ação concreta.

Da teoria à prática, existe um intervalo que precisa ser entendido para a formação contemplar as exigências do cotidiano em sala. A formação profissional do educador deve reconhecer a avalanche de modificações que o deixam inseguro. Além de ficar desequilibrado pelas modificações ideológicas e pedagógicas, o docente ainda enfrenta dificuldades em sua prática ao lidar com alunos que se destacam no contexto por qualquer motivo (comportamento, aprendizagem etc.). Há um pedido iminente de ajuda; isso, contudo, não significa que o professor não seja competente, mas que está diante de desafios constantes que requerem novos saberes. Seus questionamentos e suas necessidades requerem que olhemos o que vemos todos os dias com olhos diferentes. Devemos buscar rever o cotidiano e refletir criticamente a realidade e os fatores envolvidos.

Poderíamos pensar que, nos últimos anos, com a iminência da inclusão escolar, a situação se agravou. A escola, porém, já atravessava uma crise de identidade antes de ser convidada a atender à diversidade. Deveríamos pensar que a proposta de uma educação inclusiva veio para organizar, para propor mudanças, buscando mais funcionalidade. Hoje, não podemos ignorar a ansiedade e o desequilíbrio que esse fato provocou nas escolas brasileiras. Na verdade, a inclusão só veio revelar o que sabíamos, mas insistíamos em ignorar: a formação do professor, em muitas situações, não acompanha as exigências de sua prática.

Carvalho (1998), ao pesquisar sobre o ensino especial e regular de todas as regiões brasileiras, concentrou a atenção no entendimento dos professores acerca das dificuldades de aprendizagem e analisou os currículos dos cursos de magistério da educação fundamental. Os resultados evidenciam que a escola não consegue lidar com alunos que se afastam de um padrão. Crianças normais que apresentam dificuldades específicas de aprendizagem são com frequência rotuladas como deficientes e encaminhadas a atendimentos especializados.

Na pesquisa de Carvalho (1998), foi possível verificar que os professores reconhecem que o ensino regular não é satisfatório no dia a dia das escolas; com isso, implicitamente criticam a prática pedagógica. Constatou-se que os currículos dos cursos de formação de professores, na maioria dos estados, tratam das dificuldades de aprendizagem e deficiências de forma muito restrita e, comumente, no último ano, impedindo que haja maior familiarização com o assunto, o que justifica o despreparo do professor do ensino fundamental.

Tentando entender tais dificuldades, vários autores investem suas ações de pesquisa no estudo desse tema. Reganhan e Braga (2002) identificaram, em sua amostra, que professores de ensino regular, em sua maioria, têm formação de nível superior ou formação em educação especial. Entretanto, sentem-se inseguros ao atender o aluno com necessidades educativas especiais. Os demais (sem especialização) dizem que a falta de formação dificulta muito o trabalho.

Mesmo os professores com formação superior mostram-se inseguros diante da inclusão. A sensação de insegurança em face do novo e do diferente é compreensível, no entanto esse despreparo envolve também aspectos pedagógicos, crenças, valores e sentimentos.

O professor precisa identificar suas percepções sobre sua prática pedagógica para buscar soluções conscientes e aprimorar suas competências nas áreas que realmente estejam defasadas, sejam teóricas, sejam práticas, sejam relacionais. Perrenoud (2000) salienta que o exercício e o treino poderiam bastar para manter as competências essenciais se o contexto escolar fosse estável. Por isso, evidenciamos que as competências devem ser atualizadas e adaptadas a condições do trabalho em evolução.

Acreditar que somente o professor está despreparado seria muito simplista. Muitas escolas necessitam urgentemente rever suas concepções filosóficas, seus procedimentos de ensino e sua organização, contando com a participação de todos. No entanto, a implantação dessa nova concepção de educação requer profissionais bem formados que entendam a diversidade das necessidades educativas a partir de sua própria diversidade.

As pesquisas são muito importantes se os resultados alcançados realmente podem oferecer subsídios que contribuam para corrigir inadequações. De nada adiantam cursos e capacitações que não atendam às reais necessidades do professor. Por isso, mais uma vez, ele deve estar cada vez mais crítico e consciente para poder definir o que pensa, o que precisa e o que quer para aprimorar sua formação e sua ação pedagógica.

Dessa forma, concluímos que o processo de formação do professor é um direito e deve se estruturar a fim de possibilitar o desenvolvimento pessoal e profissional. É preciso que haja a aquisição continuada de saberes que favoreçam a obtenção de respostas às necessidades reais impostas pela ação educativa. Todo esse contexto leva-nos a refletir sobre o distanciamento das propostas dos cursos de formação, bem como sobre as intenções e as ações dos professores na prática docente.

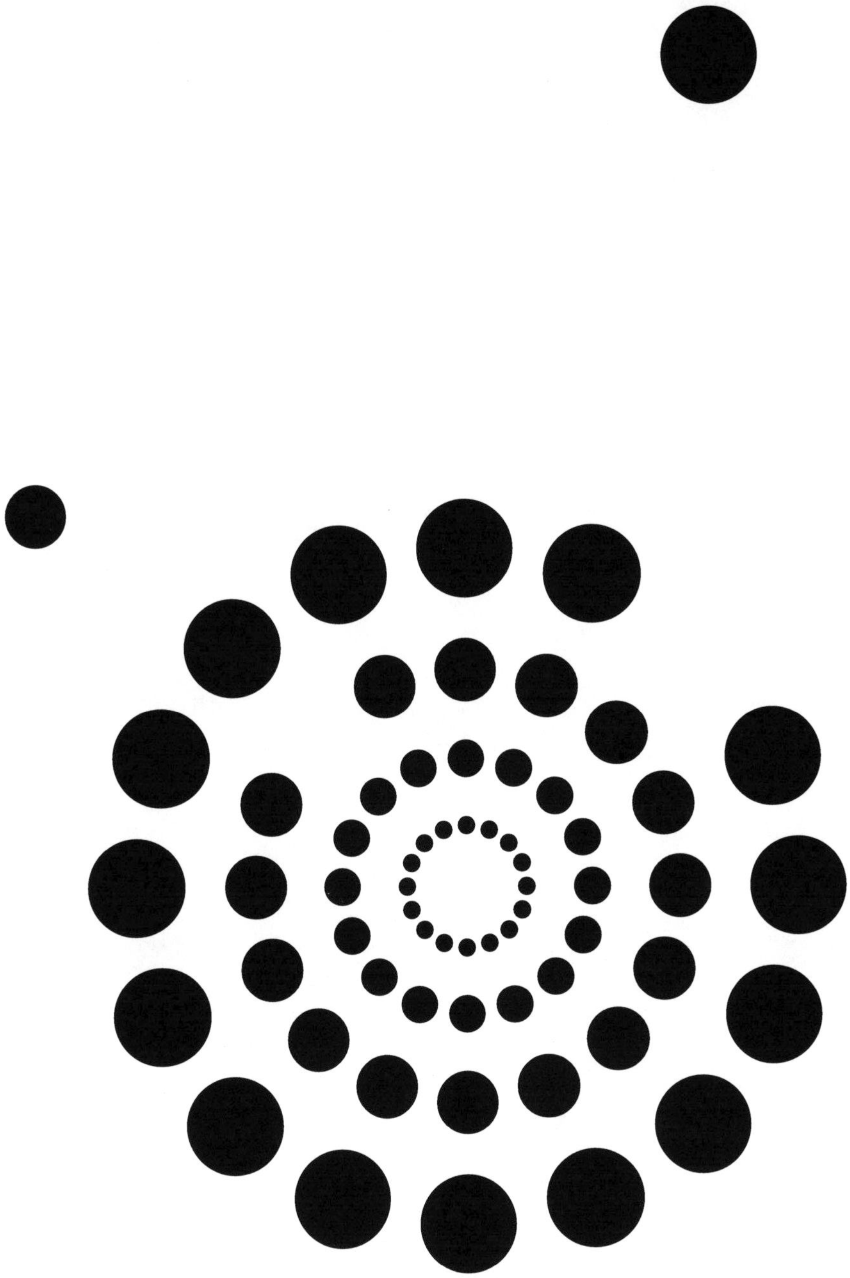

FLEXIBILIZAR E ADAPTAR:

NECESSIDADES DA

ESCOLA INCLUSIVA

Neste capítulo, trataremos, inicialmente, da estruturação do currículo flexível numa escola inclusiva, pois ele será a base para a organização das adaptações adequadas ao currículo. Considerando que as adaptações são únicas para cada aluno, não poderemos propor algo que venha a ser uma "receita" a ser aplicada a todos os casos. Nossa intenção é apresentar sugestões de como organizar as adaptações curriculares e a avaliação, de forma a oferecer subsídios que favoreçam as práticas inclusivas.

A proposta de educação inclusiva se diferencia drasticamente da proposta integrativa* no sentido de propor empenho bilateral, ou seja, da escola (como um todo) e do aluno com necessidades educativas especiais (e de sua família). Ao mesmo tempo que os pais devem colaborar e seu filho deve se esforçar, a escola deve se organizar e se estruturar para oferecer condições reais de aprendizagem, e não só de socialização, o que exige remanejamento e reestruturação dos recursos e suporte psicoeducacional.

Sabemos que, na teoria, isso parece óbvio, no entanto a prática será difícil se não houver um entendimento das implicações que repercutirão no cotidiano escolar. Há muitos professores dispostos a enfrentar a diversidade de aprendizagem em suas turmas, mas é comum que não

---

* Entende-se a proposta de educação integrativa como aquela em que o aluno com necessidades educativas especiais poderia estar nas salas de aula do ensino regular desde que não exigisse modificações do contexto e estivesse preparado para acompanhar os demais. Nesse caso, o aluno com necessidades especiais deveria adaptar-se à escola, e não a escola ao aluno.

saibam por onde começar. As dificuldades encontradas pelas escolas e pelos professores em adaptar o currículo não se relacionam somente com o não saber o que fazer; envolvem também as amarras que surgem desde as bases da organização da escola que deseja ser inclusiva.

2.1
O currículo flexível e a organização de uma escola inclusiva

A organização de uma escola verdadeiramente inclusiva está retratada em seu currículo e na estruturação de seu projeto político-pedagógico (PPP), que deve ultrapassar a mera elaboração de planos e exigências burocráticas. O PPP caracteriza e identifica a escola, ou seja, é a "cara" da escola. Por isso, deve acompanhar as modificações da sociedade, da história, dos acontecimentos e das legislações, considerando aspectos sociais, políticos, culturais e antropológicos que caracterizaram a realidade escolar. Deve corresponder ao pensamento dos que estarão envolvidos nela.

> O projeto político-pedagógico busca um rumo, uma direção. É uma ação intencional, com um sentido explícito, com um compromisso definido coletivamente. Por isso, todo projeto pedagógico da escola é, também, um projeto político por estar intimamente articulado ao compromisso sociopolítico e

com os interesses reais e coletivos da população majoritária. [...] Pedagógico, no sentido de se definir as ações educativas e as características necessárias às escolas de cumprirem seus propósitos e sua intencionalidade. (Veiga, 1995, p. 17)

Assim, a escola deve passar por questionamentos profundos sempre que os resultados obtidos mediante sua prática deixam de atender ao objetivo desejado. É necessária a consonância entre necessidades sociais e objetivos educacionais. As mudanças que ocorrem na sociedade devem fazer com que a escola reveja seu posicionamento e sua prática. No entanto, isso só é possível quando há o comprometimento de todos os envolvidos no processo educativo.

O currículo norteia a organização do PPP da escola. Usamos a forma verbal *norteia* porque, hoje, o currículo é democrático, possibilitando que a comunidade escolar tenha certa autonomia para flexibilizar e definir prioridades, favorecendo, assim, a inclusão. Na verdade, as dificuldades podem começar aí, pois tanto o currículo fechado como o aberto apresentam vantagens e desvantagens. Os professores, em sua maioria, foram capacitados para atuar com um currículo fechado e, agora, estão diante da possibilidade de flexibilização.

Em um **currículo fechado**, há como vantagem certa "comodidade" para o professor, que pode limitar-se a aplicá-lo seguindo passo a passo as programações. Ou seja, independentemente do perfil do aluno, da turma ou da comunidade, segue-se a programação. Ainda nesse modelo, há uma vantagem na "normalização", imprimindo-se uniformidade e coesão ao que é ensinado e avaliado. Suas desvantagens consistem em não se adaptar às características individuais e não acompanhar as particularidades de cada contexto.

O **currículo aberto**, por sua vez, adapta-se às particularidades do ambiente e dos alunos. Todos os discentes podem se beneficiar dele porque é possível identificar diferentes formas de atender à diversidade. No modelo aberto, a principal desvantagem está na dificuldade de se manter a homogeneidade no currículo, característica que esperamos encontrar no ensino obrigatório básico. Além disso, essa modalidade exige muito mais dos professores em termos de criatividade e organização de atividades diferenciadas, formação, atualização, dedicação, tornando-os corresponsáveis pelas programações e adequações necessárias.

Até que ponto se pode "adaptar" o currículo sem perder qualidade? O professor tem autonomia para fazer o que quiser e como quiser?

A autonomia que o professor passou a ter com a flexibilização do currículo não deve nunca resultar em um trabalho isolado. Ter autonomia exige responsabilidade e comprometimento, sem perder a relação com o PPP e os objetivos da escola. Atender às necessidades individuais não significa mudar tudo, porque, se pensarmos bem, todos temos dificuldades específicas e, em alguma época de nossa vida, podemos ter necessidades especiais mais significativas. Todas as adaptações precisam ser entendidas como necessárias por uma equipe multiprofissional, incluindo a equipe da escola. Com base na posição dessa equipe, decide-se o que pode e deve ser feito.

O currículo aberto e flexível exige objetivos bem-definidos que representem as concepções e os desejos de todos. Professores, diretores e pais só conseguirão entender as adaptações se isso fizer parte de suas crenças. Assim, Coll (2000) evidencia que a busca de equilíbrio é o mais adequado, considerando-se sempre que é preciso ter em mente dois princípios a serem atendidos:

- **Normalização**: independentemente das dificuldades dos alunos, é necessário procurar, ao máximo, disponibilizar serviços educativos básicos, adequando-os a todos os alunos, de forma que exista coerência no que está sendo oferecido. Podemos exemplificar esse aspecto com a permanência de um aluno com dificuldade de aprendizagem na sala de aula regular, sem ser colocado em ambiente separado, de modo que possa participar das diferentes atividades propostas, recebendo conteúdos iguais ou semelhantes conforme suas possibilidades.

- **Individualização**: é o fato de se adequar a ação educativa para atender às particularidades de um determinado aluno, permitindo-se que, independentemente de qualquer necessidade educativa especial, possa progredir tanto em termos de aprendizagem como de socialização. Um exemplo claro disso seria a modificação das atividades em sala ou das tarefas de casa para atender a uma dificuldade específica de determinado aluno.

Sob essa ótica, a definição do currículo mostra sua dinamicidade ao embasar o PPP da escola, orientando as atividades educativas e as formas de executá-las. Define o que, quando e como ensinar e o que, como e quando avaliar. Se ele é a própria identidade escolar, adaptá-lo à clientela seria óbvio. Para Coll (2000), os princípios inclusivos estão na origem do processo de reforma do ensino, exigindo que se contemplem as necessidades educativas especiais.

Para que uma escola consiga encontrar o ponto de equilíbrio para se beneficiar com as vantagens de um currículo flexível e, assim, construir adaptações curriculares adequadas, ela precisa estar atenta a alguns aspectos que podem ser muito significativos. São pontos que, se forem desprezados, impedirão que a instituição educacional obtenha sucesso em suas tentativas de atender com qualidade à diversidade.

Adotar uma filosofia inclusiva implica entender os direitos democráticos e igualitários da inclusão. Isso não pode ser "da boca para fora", tem de ser experienciado por todos e para todos (corpo docente e discente), constituindo-se em uma filosofia de vida. Para que isso se construa de forma gradativa e se mantenha como proposta forte e eficiente, existem profissionais que são peças-chave: os dirigentes.

Os diretores e os coordenadores são responsáveis pelo encaminhamento do processo e pelo incentivo voltado a sua concretização. As pessoas que estão em cargos de chefia devem ter liderança forte, pois são responsáveis por garantir o cumprimento dos objetivos. Elas assumem a responsabilidade no enfrentamento das dificuldades dando força e apoio aos professores. Por isso, devem ser firmes, nunca transmitindo ambivalência. "A condução de uma escola inclusiva requer uma crença pessoal de que todas as crianças podem aprender e um compromisso de proporcionar a todas as crianças igual acesso a um currículo básico rico e uma instrução de qualidade" (Servatius; Fellows; Kelly, 1997, p. 69, tradução nossa).

É fundamental reconhecer as relações afetivas que se estabelecem no contexto escolar como fundamentais para organizar a escola de forma mais cooperativa e menos competitiva, valorizando-se a amizade e o respeito às diferenças. O ambiente precisa ser acolhedor primeiramente na relação entre os professores para que isso reflita na relação entre os alunos. O docente necessita estar bem consigo mesmo para que construa uma relação saudável com os alunos. É, pois, uma pessoa que lida com pessoas e deve ser respeitado também em suas diferenças. É essencial considerar os aspectos emocionais de todos os envolvidos, devendo-se lembrar que isso pode impulsionar o trabalho ou impedi-lo. Conflitos emocionais, ansiedades e inseguranças (tanto do aluno com necessidades educativas como do professor, dos colegas de sala, dos pais ou de outros) geram instabilidade e precisam ser trabalhados.

Fique atento!

O apoio e o incentivo à formação continuada da equipe escolar são fundamentais, pois ela será o alicerce na escolha e na efetivação de práticas metodológicas adequadas para atender à diversidade de aprendizagem do alunado. O professor vai se sentir mais estimulado a buscar aperfeiçoamento se houver reconhecimento por parte do contexto para isso.

Ao identificar que um aluno tem necessidades educacionais especiais, a escola (diretores, orientadores e professores) deve organizar uma rede de apoio eficiente, incluindo a família. Isso implica buscar assessoria técnica de especialistas de diferentes áreas sempre que necessário, sendo que, em alguns casos, essa assistência precisa ser contínua; promover reuniões com a família e grupos de estudo; priorizar a participação e o envolvimento dos pais e demais profissionais (técnicos que fazem atendimento fora da escola), para que estes possam dar suas sugestões e, também, ver o esforço da escola. Para que haja um acompanhamento longitudinal eficiente, é muito importante o registro em ata das discussões. Para a rede de apoio se concretizar, também é importante estabelecer estratégias conjuntas por meio de reflexões, dividindo-se responsabilidades entre a escola (o que cabe ao professor, ao diretor, ao coordenador, entre outros), a família e as demais instituições implicadas, como o próprio governo.

Cabe destacar que a flexibilidade deve ser constante. É necessário comemorar os sucessos, mas não paralisar com as dificuldades, além de sempre aprender com os desafios. É primordial reconhecer os progressos, mesmo que pequenos, e buscar entender o que contribuiu para que eles ocorressem.

A escola inclusiva tem em seu currículo e no PPP o reflexo de seus pensamentos, concepções e desejos; de nada adianta colocar no papel algo que não corresponda ao que será capaz de cumprir. A estruturação adequada de um currículo flexível só traz benefícios quando todos entendem sua razão de ser e colaboram com sua execução.

O professor precisa contar com uma rede de apoio real e eficiente que lhe dê sustentação para a continuidade das modificações que, na maioria das vezes, é ele quem vai executar, mas que foram decididas pela equipe. Metodologias inovadoras e materiais de apoio de última geração serão inócuos se não houver o preparo dos colegas de sala e de todo o contexto escolar para a acolhida do aluno com necessidades especiais. É preciso atentar para a importância de se considerarem as relações que serão o alicerce para o sucesso da proposta.

2.2 Entendendo e operacionalizando as flexibilizações/adaptações curriculares

Almejar uma escola melhor para todos exige mudanças, por isso as adaptações curriculares têm sido tema de muitas discussões. As pesquisas têm evidenciado quanto os professores estão interessados nesse assunto, que tem gerado angústias e até sofrimentos. O contexto escolar demonstra boa vontade em receber a criança com necessidades educativas especiais, mas não consegue organizar sua ação pedagógica de forma diferenciada. Nos últimos dez anos, muitas publicações e reflexões sobre as mudanças no currículo surgiram. Diferentes autores questionam as terminologias e propõem releituras. Por isso, hoje, muitas palavras têm sido usadas como sinônimos por alguns e como antônimos por outros, como *flexibilizações, adaptações, diferenciações* e *adequações*.

O que se entende por *flexibilizações* e/ou *adaptações curriculares*?

Uma revisão de literatura mostra facilmente que o professor, mesmo não sabendo como conduzir mudanças, sabe, com clareza, o que seria necessário para que o atendimento às necessidades educativas especiais seja mais adequado.

As pesquisas de vários autores, como Vitaliano (2002), Silva (2009), Pardo e Faleiros (2002), Reganhan e Braga (2002), entre outros que procuraram ouvir o que os docentes têm a dizer sobre o processo inclusivo, apresentam resultados semelhantes, como a indicação da necessidade de preparação mais específica dos professores, organização de adaptações curriculares, redução do número de alunos em sala e apoio de professores especialistas nas áreas específicas, além de avaliação diferenciada.

O reconhecimento da necessidade de modificações não é recente. Durante muitos anos, as escolas já desenvolviam algum tipo de atendimento diferenciado para acolher os alunos com dificuldades, deficiências ou altas habilidades. Com o tempo, as reformas do ensino foram entendendo essas modificações como importantes e responsáveis pela promoção da aprendizagem, levando à regularização e à definição clara do que significam e em que resultam as flexibilizações e/ou adaptações curriculares.

Diferentes autores, como Alonso (2011), Kershner (2016), Adiron (2016), Antun (2017) e Patey (2017), nacionais e estrangeiros, vêm se posicionando quanto às terminologias e o que elas significam na prática. A flexibilização curricular consiste em modificações necessárias feitas em diversos elementos do currículo básico para adequá-lo às diferentes situações.

Para Mercado e Fumes (2017, p. 123), "O princípio da flexibilização curricular deve ser incorporado em todas as etapas, níveis e modalidades de ensino, a fim de que não se tenha, novamente, que produzir propostas específicas, diferenciadas, menos complexas, priorizando conhecimentos tácitos, em detrimento de conhecimentos científicos".

De acordo com Antun (2017),

> O termo flexível indica oposição ao que é duro, fixo, fechado. Assim, no contexto educacional, flexibilizar significa garantir o direito à diferença no currículo. Implica a busca pela coesão da base curricular comum com a realidade dos estudantes,

suas características sociais, culturais e individuais – incorporando assim também os diferentes modos de aprender e as múltiplas inteligências presentes em sala de aula. De modo que todos se reconheçam no currículo e sejam protagonistas no próprio processo educacional.

Para esses autores, *flexibilizações* e *adaptações curriculares* são expressões que não podem ser vistas como sinônimas. Antun (2017) refere-se à palavra *adaptação* como um "remendo". Adiron (2016) conceitua *adaptações curriculares* como um modelo de intervenção individualizado, baseado em "um paradigma que define a deficiência das pessoas como única causa de seus problemas de aprendizagem", no qual o currículo é definido pelo defeito. O autor caracteriza isso como um problema ideológico, mais do que pedagógico, quando se busca homogeneidade e não diversidade.

Dito isso, ressaltamos que entendemos a diversidade e o respeito à diferença sem considerar modismos de terminologias. O que nos interessa é conhecer as diferentes frentes teóricas e deixar claro que alguns podem interpretar a terminologia diferentemente.

Aqui, como autora e pesquisadora nessa área, apesar das justificativas dos diferentes autores, destacamos que podemos entender os termos *flexibilizar* e *adaptar* como sinônimos se:

- independentemente do termo usado, a diferença for respeitada;
- flexibilizações/adaptações/diferenciações forem elaboradas com base no potencial, não no defeito;
- flexibilizações/adaptações/diferenciações levarem em conta espaço, tempo, conteúdo e recursos.

Cabe observar, ainda, que poderíamos considerar que as adaptações curriculares abrangem toda a organização de estratégias educativas que ajudem, facilitem e promovam a aprendizagem do aluno, por meio da flexibilização do currículo, independentemente da dimensão. O termo *adaptações curriculares* tem sido usado internacionalmente e exaustivamente definido por pesquisadores da área. Vejamos as definições a seguir:

> Adaptações curriculares são, antes de tudo, um procedimento de ajuste paulatino da resposta educativa, que poderá desembocar, ou não, conforme o caso, num programa individual [...] uma estratégia de planejamento e de atuação docente e, nesse sentido, de um processo de tratar de responder às necessidades de aprendizagem de cada aluno. (Manjòn; Gil; Garrido, 1997, p. 61, tradução nossa)

> Podemos definir adaptações curriculares como modificações que é necessário realizar em diversos elementos do currículo básico para adequar as diferentes situações, grupos e pessoas para as quais se aplica [...]. De fato, um currículo inclusivo deve contar com as adaptações para atender à diversidade em sala de aula. (Manjòn; Gil; Garrido, 1997, p. 53, tradução nossa)

Qualquer modificação que necessite ser feita, por menor que seja, é considerada uma adaptação curricular. Assim, podem existir vários níveis de amplitude para favorecer as necessidades educativas especiais dos alunos. Contudo, o mais importante a destacar é que não se trata de elaborar programas paralelos, mas de introduzir medidas capazes de flexibilizar os currículos regulares estabelecidos no PPP da escola. São medidas que convertem o currículo num instrumento útil para responder à inevitável diversidade que apresentam os alunos quanto a seus interesses ou ritmos de aprendizagem.

Quando é necessário fazer adaptações curriculares?

A decisão de modificar ações pedagógicas e alterar o currículo deve ser tomada por uma equipe e nunca somente pelo professor. Cada caso deve ser considerado individualmente para que se identifique quais são as mudanças realmente necessárias e, por isso, deve contar com a participação ativa de toda a equipe técnico-pedagógica da escola, de assessoria externa e dos pais.

As adaptações devem ser realizadas somente nos casos em que a proposta geral não corresponde efetivamente às necessidades específicas do aluno. Somente em alguns casos ocorreria a elaboração de planos verdadeiramente individuais. Há uma unanimidade entre muitos autores e pesquisadores da área no tocante ao cuidado em não criar na escola dois currículos paralelos: o regular e o especial. Assim, é claro que

> o Projeto Curricular Básico sempre está sujeito a diversas adaptações em função das necessidades educativas concretas dos alunos aos quais é aplicado; naturalmente, a profundidade e a amplitude das adaptações dependerão, em cada caso, da natureza das necessidades educativas, porém o ponto de partida e de referência da ação pedagógica sempre é o Projeto Curricular Básico, que deste modo cumpre uma função normalizadora e integradora no tratamento das Necessidades Educativas Especiais. (Coll, 2000, p. 183)

Organizar estratégias de ação eficazes não é uma tarefa simples. É comum professores, orientadores ou diretores afirmarem que as escolas sempre se empenharam para atender alunos especiais efetivando modificações e que, neste momento, o que está acontecendo é apenas "mudança de terminologia". Não concordamos com isso, pois há diferenças marcantes nesta nova concepção. Mesmo que isso já viesse sendo feito por professores ou por escolas de forma isolada, não se seguia um padrão de organização e registro e, muitas vezes, as tentativas não atingiam os objetivos esperados.

O currículo flexível que acolhe as adaptações curriculares tem pontos de destaque em sua proposta, como a compreensão de que a decisão sobre a necessidade de adaptações não é individual (do professor ou do orientador), mas da responsabilidade de todos os envolvidos, incluindo a família. O sucesso não depende somente de uma pessoa, e sim da participação de todos. O aluno que está chegando não é "daquele" professor, mas de toda a escola. Isso exige cooperação e coparticipação de todos e responsabilidades divididas. O professor não deve sentir-se sozinho nessa caminhada. O aluno também precisa ser ouvido sempre que possível. Muitas vezes, ele sabe o que precisa e o que deseja.

Fazer adaptação curricular não é uma resposta automática diante da identificação de determinadas necessidades educativas especiais, mas um processo a ser pensado e programado, seguindo-se uma ordem que corresponda à organização do trabalho cooperativo, com base no currículo regular. Somente assim é possível determinar o tipo de adaptação mais adequado, qualquer que seja sua extensão.

Para que essa tarefa seja eficiente, primeiramente, é preciso conhecer o aluno e suas particularidades, determinar seu nível de competência e os fatores que viabilizam seu processo de ensino-aprendizagem. Esse primeiro passo é, ao mesmo tempo, o ponto de partida e o ponto de chegada para os quais os professores devem direcionar sua atenção. É preciso concentrar-se no **potencial**, e não no **déficit**.

Repensar a avaliação é outro fator fundamental, pois ela deve perder o aspecto somativo e intraindividual e voltar a outro, formativo e interindividual, em que o interesse está centrado nas interações entre as necessidades de cada aluno e a resposta educativa que se lhe oferece.

Como organizar na prática as adaptações curriculares?

Sabemos que, para alguns profissionais, pode haver uma grande distância entre a teoria e a prática. Entender teoricamente as concepções que embasam as adaptações curriculares após algumas leituras e debates pode parecer simples, mas passar do papel para a ação exige muito mais do que boa vontade; requer, com certeza, persistência, ousadia, criatividade e, fundamentalmente, uma visão crítica sobre a diversidade.

A persistência de que estamos falando é aquela de alguém que monta um quebra-cabeça com muitas peças e precisa estar atento a novos encaixes sempre que suas tentativas não corresponderem ao esperado. Poderíamos comparar a ousadia da realização de adaptações com a perspicácia de um equilibrista que tem de estar concentrado em vários pontos ao mesmo tempo para que sua apresentação chegue ao fim com sucesso. Considerando-se ainda a mesma analogia, cabe notar o fato de que as habilidades do equilibrista aumentam à medida que ele treina.

Um técnico de futebol cobra de seus jogadores três pontos que entendemos serem adequados para a prática dos profissionais da educação. Na preparação da equipe para o jogo, o técnico nunca se preocupa somente com o preparo físico do jogador, o que, realmente, é muito importante. No entanto, o fundamental a ser entendido é que cada jogador deve pensar constantemente que só se ganha um jogo se houver **motivação, concentração e controle emocional**. Sem esses ingredientes, não se ganha o jogo.

Então, a organização perpassa um conjunto de estratégias que precisam de uma atenção especial a cada detalhe.

Por onde começar a organização das adaptações curriculares

Num primeiro momento, é necessário conhecer o aluno para depois definir suas necessidades, observando-o em ambientes diferentes (recreio, educação física, perto da família). Deve-se verificar o que ele consegue fazer sem auxílio e o que já aprendeu, além de observar atentamente seu desempenho, seu comportamento e suas potencialidades. Por mais comprometido que possa ser um aluno, alguma coisa ele já aprendeu em sua trajetória de vida. Em outras palavras, nenhuma criança chega à escola sem saber nada. Ela aprende desde o momento em que nasce e se relaciona com outros, mesmo que essas aprendizagens não sejam relacionadas a conteúdos escolares*.

Todos devem participar dessa fase de reconhecimento: os professores da escola, o orientador e o especialista que atende paralelamente o aluno, quando for o caso, a equipe que fez a avaliação diagnóstica ou o Departamento de Educação Especial do estado ou do município. Somente de posse desses conhecimentos sobre o aluno se pode saber de onde sair para definir aonde se quer chegar e quais serão os objetivos de trabalho.

Após um conhecimento prévio, é possível definir os conteúdos programáticos a serem enfocados e, com base nos objetivos estipulados, selecionar o que ensinar. Tendo em vista os conteúdos que estão estruturados para determinada turma, deve-se analisar o que seria adequado para aquele aluno e o que teria de ser acrescentado. Nessa etapa, é preciso considerar o tempo necessário para cada conteúdo ser trabalhado e aprendido, ou seja, quando ensinar cada conteúdo selecionado. É fundamental definir a sequência de aprendizagem mais adequada, considerando-se as etapas de desenvolvimento e o ritmo do aluno. Se o professor tem isso definido, sua ansiedade fica mais controlada, pois pode se organizar e

---

* Há alunos com patologias mais graves, como os transtornos invasivos do desenvolvimento, cujas aprendizagens escolares serão limitadas, o que não significa, porém, que não possam aprender nada na escola regular.

trabalhar por etapas, respeitando a diferença de tempo para aquisição do conhecimento, que é própria de cada um.

Há necessidade de uma pesquisa metodológica minuciosa para fundamentar o sucesso do aprendizado de um aluno. O método usado para que um aluno aprenda pode não ser o mais adequado para outro. Todo o trabalho anterior pode ser perdido se não for selecionado o método mais adequado para cada situação.

Avaliar todo o processo é tão importante quanto avaliar o desempenho do aluno. Como, nessa proposta, existe a vantagem de distribuir responsabilidades, a avaliação vai identificar os pontos falhos para que possam ser repensados.

Finalmente, destacamos a necessidade de registrar tudo o que foi feito, isto é, dispor de um documento que registre todas as realizações, com os resultados alcançados. Trata-se da construção de um portfólio (material que conta a caminhada do aluno, seus progressos e suas dificuldades), que deverá ser construído ao longo do tempo, incluindo as atas das reuniões. Ainda devem ser incluídos os quadros organizativos (que apresentaremos a seguir), os quais servem como parâmetro, uma visão geral do que se pretende. Esse material facilitará a localização das dificuldades e as possíveis áreas a serem modificadas. Quando o aluno muda de escola ou de professor, essa pasta (portfólio) o acompanha, facilitando sua nova caminhada. Quem for trabalhar com esse aluno saberá o que foi feito por ele e se algum sucesso foi obtido.

Com experiência na área, a montagem de quadros organizativos facilita a vida do professor e a visão geral de todos sobre o processo. Cada escola pode organizar de forma personalizada seus quadros, os quais devem ser colocados na **pasta de acompanhamento** do aluno. A organização desse material deve incluir os elementos básicos do currículo: conteúdos, objetivos, metodologia e avaliação.

Ao iniciarem a montagem dos quadros, o professor e a equipe que o está apoiando devem considerar:

- **Com relação aos conteúdos**: elencar as diretrizes básicas do ensino, os conceitos e os aprendizados gerais que precisam ser apresentados para aquela série ou turma (observando-se que os conteúdos são cognitivos e sociais) e eleger os que precisam ser aprendidos pelo aluno com necessidades educativas especiais. Se essas diretrizes forem diferentes das do grupo ou da turma, devem, então, ser modificadas. Em alguns casos, o conteúdo para determinado aluno é distinto do que se aplica à turma.

- **Com relação aos objetivos**: depois de selecionados os conteúdos necessários para aquele aluno naquele momento, é necessário identificar os objetivos. Deve-se procurar adequá-los aos conteúdos e, por isso, em alguns casos, será preciso diversificá-los (definindo-se os mínimos) e, em outros, individualizá-los para cada aluno. É preciso incluir todas as áreas de desenvolvimento pessoal e social.

- **Com relação à metodologia**: cada escola define sua metodologia de acordo com sua visão de homem e de mundo. No entanto, nos casos de necessidades educativas especiais, é frequente que se precise usar metodologias variadas para atender à demanda, de forma a facilitar o processo de aprendizagem.
- **Com relação à avaliação**: nessa fase, o fundamental é pensar o que avaliar, quando avaliar e como fazer isso. É importante avaliar todo o contexto escolar, incluindo o plano de adaptação curricular, e não somente os resultados dos alunos, levando-se em conta maior ênfase nos processos do que nos produtos.

De acordo com o Projeto Escola Viva do Ministério da Educação (Brasil, 2000), é possível efetivar adaptações curriculares de duas formas distintas: adaptações curriculares de pequeno porte e adaptações curriculares de grande porte.

A **adaptação curricular de pequeno porte** pode ser definida e executada pela escola e/ou pelo professor sem grandes dificuldades, isto é, as escolas têm autonomia para realizar adaptações curriculares menos ou mais significativas.

Já no caso de **adaptação curricular de grande porte**, as ações não dependem da escola, mas de decisões técnico-político-administrativas, extrapolando possibilidades de ações básicas do professor e, muitas vezes, da escola. Dependem de decisões superiores, porque são de competência de órgãos de administração educacional pública, incluindo as legislações.

Considerando a diversidade das necessidades educativas especiais que o alunado pode apresentar, precisamos ter em mente que não se podem generalizar as adaptações, mas organizá-las de forma singular. Por isso, elas podem ser simples e implicar poucas modificações do currículo geral ou ser mais significativas e exigir muito mais do contexto, devendo-se lembrar que, independentemente da dimensão, isso deve ser decidido pela equipe.

O modelo apresentado a seguir é um exemplo de como as adaptações podem ser feitas. Nesta obra, abordaremos um trabalho voltado à disciplina de Língua Portuguesa, mas isso pode ser feito em todas as áreas. O material aqui disponibilizado foi construído com base em nossa atuação na área, no assessoramento de professores e na busca por alternativas para organizar sua prática pedagógica. Para a sua elaboração, foram consideradas bibliografias específicas* e experiências de outros países em que o processo de inclusão já está mais adiantado.

No caso a seguir, há o exemplo de uma aluna que, no contraturno, tinha aula individual de alfabetização e de matemática três vezes por semana. Logo após o Modelo 1, apresentamos os comentários sobre a proposta.

Modelo 1

Modelo individual de adaptações curriculares

Nome do aluno: Aninha

Idade: 10 anos

Diagnóstico clínico: síndrome de Down

Data: março – 2006

Período: 1º bimestre (semanal, mensal, bimestral ou trimestral)

Série/ciclo/turma: 2ª série do ensino fundamental

Diagnóstico psicopedagógico: a aluna apresenta-se em fase inicial de alfabetização, atribuindo valor sonoro às sílabas, com a escrita contendo característica silábico--alfabética.

---

*   Anderson, 1999; Bautista, 1997; Branco Calhau, 1996; Brennan, 1996; Doré; Wagner; Brunet, 1996; García Vidal, 1993; Stainback; Stainback, 1999; Ruiz Bel, 1990; Warnock, 2001.

Profissionais envolvidos: prof. regente (da sala de aula), prof. de Educação Física, prof. de Artes, orientadora pedagógica, prof. do contraturno (atividade extraclasse).

Quadro 2.1
Registro das adaptações e flexibilizações

Elementos currículo	O que está previsto para a série ou ciclo	Modificações necessárias para Aninha*
Conteúdos	1º Bimestre - Revisão dos conteúdos da série anterior: alfabeto, construções de frases e textos, pronomes pessoais, letra cursiva - Comunicação através da linguagem escrita e falada - Ampliação do vocabulário - Masculino e feminino - Singular e plural - Pronomes demonstrativos	1º Bimestre - Alfabeto; construções de palavras e frases simples - Comunicação por meio da linguagem escrita (palavras ou desenhos) e falada - Ampliação do vocabulário - Masculino e feminino (oralmente) - Singular e plural (oralmente)
Objetivos	- Estimular a conversação e a utilização da pronúncia correta das palavras - Expressar-se em diferentes situações - Saber expressar-se de diferentes maneiras - Expressar sentimentos, experiências, ideias e percepções individuais - Produção de pequenos textos utilizando-se de masculino, feminino, singular, plural	- Estimular a conversação e a utilização da pronúncia correta das palavras - Expressar-se em diferentes situações - Saber expressar-se de diferentes maneiras - Expressar sentimentos, experiências, ideias e percepções individuais - Produção de pequenas palavras e frases

(continua)

* Estes itens não faziam parte dos conteúdos e/ou objetivos gerais da turma e foram acrescentados para Aninha.

(Quadro 2.1 – conclusão)

Elementos currículo	O que está previsto para a série ou ciclo	Modificações necessárias para Aninha
Metodologia	■ Atividades variadas de produção individual e em grupo ■ Hora da novidade diariamente ■ Pesquisas em casa com apresentação do material oral e escrito ■ História do mês: escolha de um texto, leitura em grupo, debate sobre o texto, construção de um novo final, dramatização ■ Montagem de histórias em quadrinhos ■ Jogos variados uma vez na semana envolvendo palavras novas	■ Aproveitamento das atividades programadas pela professora da primeira série ■ Atividades de produção individual e em grupo ■ Hora da novidade diariamente ■ Pesquisas em casa com apresentação do material oral e escrito ■ História do mês: escolha de um texto, leitura em grupo, debate sobre o texto, construção de um novo final, dramatização ■ Montagem de histórias em quadrinhos ■ Jogos uma vez na semana envolvendo palavras novas ■ As tarefas de casa (pesquisas, entrevistas) podem ser gravadas, recortadas etc.
Avaliação	■ Produção escrita individual semanal, criação de textos a partir de temas geradores ■ Atividades em grupo ■ Prova bimestral	■ Produção escrita individual diária ■ Atividades em grupo ■ Prova bimestral

Conclusões

Ao final do bimestre, pudemos perceber progressos com relação à produção da escrita. Notamos que Aninha está mais solta para as tentativas de escrita, apesar de manter a característica silábica-alfabética. As avaliações diárias escritas precisam ser modificadas, pois, mesmo sendo curtas e simples, não foram produtivas, gerando angústia. As atividades de casa (pesquisas, entrevistas) feitas com gravador ajudaram muito na produção de sala.

O modelo revela **adaptações curriculares menos significativas** feitas pela escola para uma aluna em um caso específico. Elas certamente acarretam bastante trabalho para serem organizadas, mas, depois de organizadas, trazem segurança para o professor.

A partir da montagem do modelo, o professor pode iniciar o planejamento, que pode ser diário ou semanal, dependendo de sua necessidade pessoal. Observamos que o exemplo exige a modificação das atividades realizadas em sala (organização de grupos, didática, do espaço). O professor faz esse tipo de alteração com facilidade, trocando os alunos de lugar para que se beneficiem da companhia de determinados colegas, oferecendo materiais didáticos modificados (alfabeto móvel, por exemplo), exercícios para fixar melhor a aprendizagem dos mesmos conteúdos. Como podemos perceber, essas adaptações requerem criatividade e disponibilidade para serem programadas.

As **adaptações curriculares menos significativas** também envolvem modificações nos objetivos e nos conteúdos, priorização de área ou unidade de conteúdo, seleção de objetivos, sequenciação e eliminação de conteúdo secundário. Para determinar quais objetivos e conteúdos são primordiais, é preciso ter em mente quais competências se quer atingir. Depois, é necessário refletir sobre as respostas para as seguintes perguntas: Quais são as aprendizagens consideradas mínimas para a etapa e o ano? Quais conteúdos são chave para outros conteúdos posteriores? Quais aprendizagens são mais urgentes para esse aluno? Quais são as que favorecem sua integração escolar e social em médio e longo prazo?

Em consequência disso, as modificações metodológicas e didáticas são inevitáveis. Modificar método e didática implica interferir na ação direta do professor em face do aluno. Apesar de menos significativa, essa adaptação exige mais conhecimento e disponibilidade do professor e da escola. É preciso refletir sobre quais seriam as práticas pedagógicas que seriam mais eficientes diante das necessidades específicas de determinado aluno e sua implementação na prática. Um destaque é o tempo previsto para a realização das atividades. É importante oferecer um tempo maior para que sejam atingidos objetivos que são prioritários. A organização do tempo está diretamente relacionada aos itens anteriores.

Por fim, deve-se considerar a modificação nas avaliações, que pode ser necessária se houver alteração em outros aspectos, como objetivos e metodologia. As avaliações podem ocorrer de formas bastante variadas e com o fim de verificar os progressos reais.

Em alguns casos, há necessidades de **adaptações curriculares mais significativas**, que incluem eliminação de objetivos básicos, seleção e introdução de métodos específicos, além de modificação na organização diferenciada da sala e alteração das avaliações. As adaptações mais significativas só podem acontecer com sucesso se houver compreensão e apoio do sistema.

A eliminação ou a introdução de conteúdos acontece quando extrapolam as condições do aluno, temporária ou permanentemente. Isso implica também a introdução de recursos alternativos não previstos para os demais alunos, como o uso de comunicação alternativa e do método braile. As adaptações mais significativas alteram substancialmente tanto o planejamento quanto a atuação docente, exigindo que se dispense atenção à provisão de recursos extraordinários que se façam necessários para ajudar e facilitar o trabalho do professor.

Quadro 2.2
Recursos necessários

Aspectos a serem considerados	Ações a serem observadas relativas a cada aspecto
Profissionais	■ Ter habilidades de relacionamento interpessoal. ■ Demonstrar equilíbrio emocional e sensibilidade. ■ Desenvolver capacidade de reconhecer sentimentos que perpassam as relações professor-aluno, aluno-aluno e contexto escolar-aluno. ■ Buscar identificar como o aluno está se comunicando, o que ele quer dizer com seu comportamento. ■ Entender que um comportamento agressivo é uma forma de comunicação de um desconforto ou sofrimento. ■ Procurar criar uma identidade com o grupo, um sentimento de pertencimento, para que o apoio seja um elemento de incentivo à superação de dificuldades. ■ Elogiar sempre o potencial e reconhecer os progressos antes de evidenciar os pontos que ainda precisam ser melhorados.
Atividades extras	■ No caso de o aluno com necessidades educativas especiais, é necessário reconhecer quais atividades paralelas seriam importantes para facilitar sua permanência em uma sala regular, como fisioterapia, fonoaudiologia, psicoterapia, reeducação visual e reforço com professor particular, preferencialmente fora do horário de aula. O aluno com necessidades educativas deve participar sempre que possível de todas as atividades escolares junto com sua turma.
Materiais	■ A busca de materiais diversificados implica criatividade e pesquisa de novas tecnologias assistivas. ■ Os materiais de apoio devem ser exaustivamente explorados pela escola, podendo ser criado algum modelo específico que atenda à necessidade do aluno. Nessa área não há limites, mas uma busca constante.

(continua)

(Quadro 2.2 – conclusão)

Aspectos a serem considerados	Ações a serem observadas relativas a cada aspecto
Ambientais	■ O ambiente deve ser acolhedor e contemplar a diferença. Eliminar barreiras arquitetônicas é uma necessidade em caso de inclusão de alunos com problemas motores e visuais. ■ As instalações devem oferecer segurança para qualquer aluno, independentemente de suas necessidades especiais.

Fonte: Elaborado com base em Silva, 2004, p. 142-148.

Tanto as adaptações menos significativas como as mais significativas exigem recursos como os descritos no Quadro 2.2, que precisam ser considerados para que se possa obter sucesso nas adaptações práticas relacionais e estruturais.

As adaptações curriculares requerem um conjunto de recursos e forças que podem fazer a diferença tanto para o aluno como para o professor, minimizando as dificuldades e organizando as ações para que a inclusão não seja um devaneio otimista. Destacamos aqui a importância de se considerarem os aspectos relacionais e afetivos como variáveis preponderantes e que não devem ser negligenciadas, e sim reconhecidas e aprimoradas.

2.3
A avaliação no currículo adaptado

Vamos tratar novamente da avaliação em razão de sua importância e sua influência nos processos inclusivos. A preocupação com o assunto é crescente, desde a nova Lei de Diretrizes e Bases da Educação Nacional (LDBEN) – Lei n. 9.394, de 20 de dezembro de 1996 (Brasil, 1996), que aborda com ênfase a avaliação e propõe mudanças que repercutem na necessidade de se passar da avaliação classificatória, que até há pouco vigorava nas instituições escolares, para a avaliação diagnóstica.

Essa possibilidade de transposição de um modelo para outro está diretamente relacionada à concepção da relação ensino-aprendizagem e vem favorecer, de forma incisiva, as ideias inclusivas. A avaliação tradicional não contempla a diversidade. Nela, quando se fala em avaliar, pensa-se em avaliar o aluno em seu rendimento e aprendizado. A palavra *avaliação* também traz à mente pensamentos associados às ideias de nota, aprovação e reprovação, sucesso e fracasso.

Entretanto, o aluno não deve ser o único a ser avaliado, porque há outros elementos a considerar. Todo o processo tem de ser ponderado, incluindo os métodos, os professores e sua ação.

O objetivo não deve ser o de aprovar ou reprovar. Isso reporta ao modelo de avaliação classificatória e acompanha a visão mecanicista da educação, que não favorece a compreensão do fracasso ou do sucesso, evidenciando a quantidade e não a qualidade.

Segundo Gandin (1997), a avaliação classificatória pode ser comparada àquela feita pelo agricultor que separa, ao final da colheita, as laranjas boas das ruins, esquecendo-se de refletir sobre o que pode ter prejudicado o crescimento daquelas laranjas que precisaram ser descartadas. Nesse caso, o agricultor não levanta a possibilidade de um diagnóstico para melhorar sua colheita.

A avaliação diagnóstica suscita claramente a necessidade de uma tomada de consciência por parte do professor sobre o verdadeiro significado do diagnóstico da avaliação, para que possa processá-lo no contexto escolar.

A avaliação diagnóstica implica uma visão muito mais ampla e oferece inúmeros subsídios para a realização de modificações necessárias, conduzindo a reflexões e à tomada de decisões. O professor que está acostumado com a avaliação classificatória tem resistência à avaliação diagnóstica, pois esta propõe autocrítica e sugere que professor e aluno estejam incluídos no processo. Na avaliação diagnóstica, nada impede que se atribua um conceito ao rendimento do aluno, mas que o resultado sirva para modificar a prática, não discriminar o aluno.

Na avaliação diagnóstica, é preciso considerar: O que avaliar? Quem avaliar? Como avaliar? Quando avaliar?

Essa avaliação ilumina, com seu resultado, as necessidades de redimensionamento do processo, salientando a forma mais adequada de se obterem melhoras na aprendizagem. O sentido da avaliação consiste em reconhecer ou não progressos. A avaliação deve ser um instrumento de diagnóstico, para que seja possível, com base nela, fazer transformações que resultem em avanços. Ela não é o fim, mas o meio para se atingir o fim.

Para Coll (2000, p. 149), a avaliação é uma ação pedagógica que precisa ser flexibilizada para atender às necessidades dos alunos. O autor destaca que as modificações na avaliação devem respeitar etapas: o professor precisa conhecer o aluno, suas potencialidades, para definir as necessidades decorrentes e, com base nisso, organizar a ação pedagógica. Ao longo do processo, pequenas avaliações facilitam mudanças com rapidez logo que identificados sinais de ineficiência no percurso de aprendizagem. Uma avaliação final mais abrangente vai mostrar se os objetivos foram atingidos ao final de um bimestre, do semestre ou do ano letivo.

Se o professor for capaz de entender a avaliação sob essa ótica, deve abandonar o pensamento centrado nos produtos apresentados pelo aluno, para voltar o olhar para o processo. A ação pedagógica e seus efeitos precisam ser avaliados constantemente por educandos e educadores, com vistas à superação. O erro, assim, passa a ser encarado como indicador de caminhos para novas intervenções, pois, com base nos resultados da avaliação, o professor reflete também sobre sua prática pedagógica e revê as ações educativas que estão sendo desenvolvidas e até que ponto o fracasso do aluno não está diretamente relacionado a essa prática ou à forma de avaliar adotada.

2.3.1 Como avaliar alunos com necessidades educativas especiais

A avaliação dos alunos com necessidades educativas especiais deve ser organizada com base nas áreas (conteúdos e objetivos) nas quais foram feitas as adaptações curriculares. Acreditamos, realmente, que a escola será capaz de avaliar melhor todos os seus alunos quando souber avaliar adequadamente o aluno com necessidades educativas.

A inclusão impulsionará melhoras na qualidade de ensino e de aprendizagem quando houver, por parte da escola como um todo (professores, diretores, orientadores, pais), uma adequação, uma capacidade de "ousar pensar diferente". Somente uma mudança de paradigma possibilitará que se estabeleçam mudanças em todos os âmbitos, e isso inclui a avaliação. Para caminharmos em direção a uma avaliação diferenciada, precisamos entendê-la de forma ampla, como um processo e não como um fim.

A avaliação deve se concretizar em dois processos, descritos na sequência: avaliação inicial e avaliação continuada.

Avaliação inicial

Quando o aluno com necessidades educativas especiais ingressa em uma escola ou passa a ter um novo professor, quase sempre todos se preocupam com o diagnóstico, sua complexidade, e buscam saber se será realizada uma avaliação diagnóstica completa. Isso de fato é importante. O professor deve entender o que a criança tem e embasar-se teoricamente. Mas aqui estamos nos referindo a uma avaliação inicial feita pelo professor, e isso implica conhecer o aluno como sujeito, e não sua patologia. O docente deve olhar a criança, e não a síndrome, e construir um vínculo com o aluno e sua família para facilitar o processo de mediação da aprendizagem.

Deve também conhecer um pouco da história da família e do aluno, além de detalhes pessoais, como o que ele gosta de comer e com o que gosta de brincar; investigar a rotina da casa; saber o que o aluno pensa da escola e a respeito de suas experiências anteriores; pedir para ver fotos de sua família ou objetos (brinquedos) seus preferidos; conhecer as expectativas dos pais em relação à vida escolar do filho; entender o que os pais esperam da escola e do futuro de seu filho.

Outro fator a ser considerado diz respeito à avaliação psicopedagógica do aluno, sendo importante verificar se existem registros de avaliações realizadas em outras escolas para buscar examinar os cadernos e as provas do ano anterior.

Com esses dados em mãos, o professor pode começar seu trabalho de adaptação curricular, pois, quando conhece seu aluno real, consegue viabilizar ações adequadas articuladas com aspectos teóricos.

Avaliação continuada

É preciso avaliar os produtos por meio dos processos. Quando o professor se depara com o aprendizado ocorrido, precisa saber em que pontos há facilidades e dificuldades, o que direcionará as modificações necessárias. A avaliação diferenciada e continuada permeia o processo de ensino-aprendizagem e tem caráter interativo. Considera as dificuldades do aluno e as do sistema de ensino, pois as necessidades educativas especiais do aluno podem ser fortemente agravadas pelo contexto escolar. Coll, Palacios e Marchesi (2002, p. 315) enfatizam que "ampliar o objeto de avaliação implica, necessariamente, ampliar os procedimentos de avaliação, já que muitos dos elementos a serem avaliados não são passíveis de medidas normativas, são de metodologia qualitativa".

Para não ficar paralisado ante as dificuldades do aluno, é preciso avaliar suas competências, considerando-se suas habilidades. Se o professor conhecer apenas as dificuldades, não terá em que se apoiar para impulsionar o progresso. Todos, por mais comprometidos que possam parecer, têm habilidades específicas. Um ponto de destaque seria considerar na avaliação os aspectos emocionais do aluno, isto é, não apenas o relacionamento com o professor e com os demais alunos, mas também sua motivação para a aprendizagem, seus sonhos e desejos.

Também é fundamental avaliar o contexto educacional, tendo em vista as diferentes relações que se estabelecem, as quais podem ser positivas e favorecer a todos ou, ao contrário, dificultar a aprendizagem para alguns. Isso inclui as relações professor-aluno, aluno-aluno, professor-pais, pais-aluno, professor-direção etc. Outro fator que precisa ser avaliado são as condições físicas do contexto educacional, se de fato favorecem a aprendizagem de todos. Além disso, não poderíamos deixar de citar a prática pedagógica, a metodologia adotada e como esta é organizada.

Se o aluno não venceu os conteúdos, será aprovado (promovido) no final do ano?

Esse é um ponto que tem rendido muitas discussões na área da educação. Há duas correntes contrárias a essa possibilidade de aprovação. Há aqueles mais rígidos que acham que, se o aluno não venceu os conteúdos de determinada série ou etapa, não pode ser aprovado. Outros consideram que, se essa criança passar de ano, o ensino ficará desacreditado. Cada caso deve ser considerado individualmente, não há uma resposta única para essa pergunta.

A experiência tem nos mostrado que a avaliação da criança com necessidades educativas especiais, com sua passagem de uma série para outra, precisa ser ponderada. Inicialmente, cabe pensar que é possível que o aluno com necessidades educativas especiais não atinja todos os objetivos da série ou ciclo, mas isso não deve ser empecilho para sua progressão; existem outros fatores muito mais determinantes. O professor deve avaliar o que se propôs a ensinar, ou seja, deve comparar as condições iniciais e finais, os ganhos, isto é, a porcentagem atingida em relação aos objetivos propostos e trabalhados com o aluno. É certo que esse aluno está na escola para aprender conteúdos pedagógicos, mas não somente isso, também precisa aprender a se relacionar, a acreditar em si mesmo e a ganhar autonomia. Essas serão as bases reais para aprendizados futuros (Silva, 2004).

Dessa forma, para definir se o aluno com necessidades educativas especiais deve progredir para outra série ou ciclo, é importante pensar que ganhos ele teria caso permanecesse na mesma série ou, ao contrário, progredisse com a turma.

Ficaria com o mesmo professor? Isso seria produtivo para ele? Haveria mais tempo para a maturação cognitiva?

Se o aluno ficar, terá de fazer novos amigos, e isso pode levar algum tempo. Por outro lado, se tem amigos na turma atual, será acolhido e aceito por todos e isso poderá ser um fator de estímulo ao progresso. No caso de um aluno com deficiência intelectual, é preciso analisar se houve alguma evolução naquilo que lhe foi solicitado, embora seja possível que não tenha atingido os conteúdos e os objetivos tal como os demais colegas de sala; contudo, pode-se pensar que, se tiver apoio e se sentir bem no grupo, poderá permanecer com a mesma turma e dispor de uma adaptação curricular mais significativa.

Silva (2004, p. 142) destaca:

> se a criança com necessidades educativas especiais for reprovada sempre que não tenha atingido os objetivos propostos para "os outros alunos", estaremos cometendo um terrível engano. Ela poderá vir a ser uma adolescente no meio de crianças de oito ou nove anos, e teremos outros problemas além dos de aprendizagem que poderão surgir.

Independentemente de qualquer sugestão, é preciso que haja bom senso e equilíbrio nesse processo. É por isso que a avaliação, se bem feita, só trará respostas para as dificuldades encontradas. Como estamos aprendendo a acolher a diversidade, deparamo-nos com um quadro que aponta que ainda não há, no Brasil, conclusões mais específicas quanto à certificação dos alunos ao concluírem etapas de ensino.

Como certificar a conclusão de uma etapa a um aluno com necessidades educativas que não venceu todo o conteúdo e que não será capaz de vencê-lo, mesmo que lhe seja oferecido um tempo maior?

Esse é um assunto polêmico e não temos respostas para essa questão. Somente a prática inclusiva trará soluções construídas para a realidade de cada comunidade. Porém, os conteúdos deste capítulo foram construídos com base na prática ao tentarmos encontrar respostas para nossos próprios questionamentos ao longo dos anos em que experienciamos o desafio de incluir com qualidade. Sugerimos que você, leitor, ouse encontrar as próprias respostas.

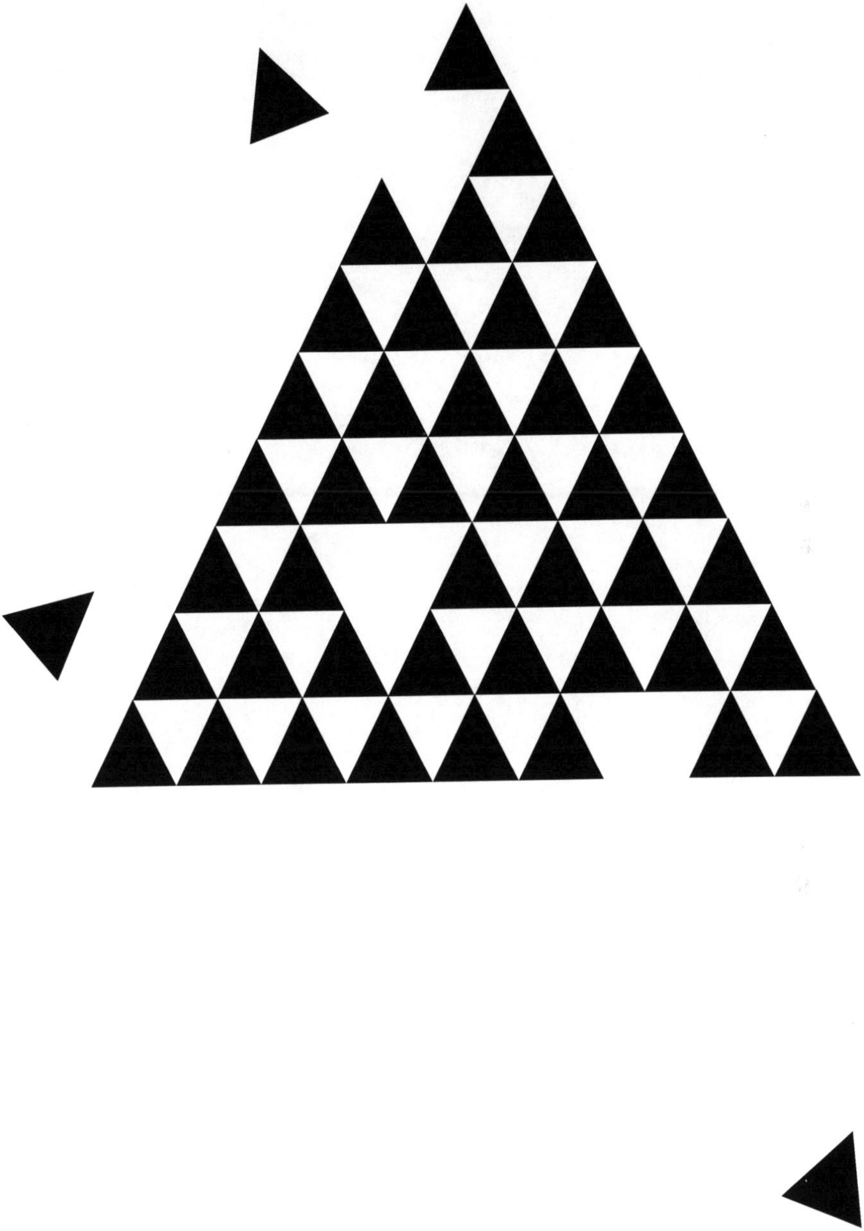

DA TEORIA À PRÁTICA: POR QUE A INCLUSÃO NÃO DÁ CERTO? OU DÁ?

▲ ▲ ▲ ▲

▲

Com todos os avanços na legislação e o esforço para que a inclusão se concretize, por que temos a impressão de que ela não dá certo? Vamos ponderar, neste capítulo, alguns aspectos dessa questão, considerando as múltiplas influências que podem intervir positiva ou negativamente na inclusão, em uma visão bioecológica – a escola, o professor, a família, os pais, as particularidades do aluno com deficiência, o ambiente social.

Também apresentaremos uma revisão das terminologias e estratégias que têm sido utilizadas, como o desenho universal para a aprendizagem, o coensino, ou ensino colaborativo, e a consultoria colaborativa.

Somos testemunhas de vários casos em que a inclusão é um sucesso, trazendo muitos benefícios para todos os envolvidos. Contudo, para isso, é preciso "ousar" ver além do óbvio, ver os ganhos, ver o positivo nesse processo, e não ficar esperando que as coisas se resolvam por mágica ou que não haja problemas.

Alguns pais, muito sofridos por tantas barreiras e preconceitos da sociedade em geral, podem não ver progressos; professores desatualizados, sem entender, de fato, o que é a inclusão, ou com dificuldade de fazer mudanças na prática também podem não enxergar as mudanças e, por isso, não acreditam que seja possível.

3.1
Bioecologia **do** desenvolvimento **e** inclusão

O entendimento sobre desenvolvimento humano na atualidade nos reporta à teoria que, inicialmente, foi denominada *ecológica* (1979), porque considerava a influência do meio no desenvolvimento, e que, anos depois, desenvolvida por Urie Bronfenbrenner (1996), passou a ser entendida como **bioecológica**. Nessa teoria, o desenvolvimento humano é visto como um produto da interação entre o organismo (características da pessoa) e o meio ambiente em que vive (ecossistema), numa influência mútua.

O modelo bioecológico considera o desenvolvimento com base em quatro aspectos básicos: **pessoa, processo, contexto** e **tempo**. Os "atributos da pessoa e as particularidades do ambiente interagem e estabelecem entre si relações de mútua influência, gerando, no curso do tempo, permanências e mudanças de caráter duradouro" (Bronfenbrenner, 1996, p. 56).

De forma resumida, a **pessoa** é o ser biopsicológico, com suas características próprias, seu temperamento, suas particularidades biológicas. Os **processos proximais** são a ferramenta central no desenvolvimento humano, pois consistem nas interações recíprocas, responsáveis por esse processo, e podem resultar na conquista de novas habilidades e conhecimentos.

O **contexto** constitui-se, basicamente, no ambiente em que a pessoa vive; mas não é somente isso, envolve também as questões sociais desse ambiente. Para Bronfenbrenner (2011), o contexto recebe influência dos seguintes níveis:

1. **Microssistema**: ambiente de influência imediata e direta sobre o desenvolvimento, como a família.
2. **Mesossistema**: relações entre dois ou mais ambientes a que a pessoa em desenvolvimento pertence e que frequenta. Por exemplo, a casa dos pais e a casa dos avôs são dois sistemas diferentes, assim como a família e a escola.
3. **Exossitema**: ambiente que a pessoa em desenvolvimento não frequenta, mas o que ocorre nele tem influência sobre o desenvolvimento, como o trabalho dos pais.
4. **Macrossistema**: a sociedade e a cultura mais ampla, que têm influência indireta em tudo.

Por fim, o **tempo** corresponde ao conceito de **cronossistema**, o quinto nível da relação de níveis descrita anteriormente. O autor considera fundamental a ação do tempo no que diz respeito não só ao desenvolvimento das pessoas, mas também às transformações no ambiente.

Todos esses conceitos, incluindo o de tempo, o cronossitema, são muito ricos e amplos e, certamente, aqui pecamos em minimizar as explicações, pois não exploramos alguns elementos bastante significativos, como o microtempo e o macrotempo. A intenção é apenas apresentar essa teoria que embasa a visão de desenvolvimento da atualidade, lembrando que ela não descarta as demais nem é contraditória a elas, como as de Piaget e de Vygotsky.

Desse modo, estamos considerando o desenvolvimento a partir de uma base sistêmica – complexa, instável e intersubjetiva –, que vai além da visão tradicional, fundamentada no pensamento cartesiano – simples, estável e objetivo (Vasconcellos, 2005). A escola e toda a sua estrutura estão fortemente influenciadas pelo pensamento tradicional, newtoniano/cartesiano. Isso não é algo ruim ou errado, pois gera controle e organização, porém, em parte, é limitante, principalmente quando pensamos em incluir, promover acessibilidade, remover barreiras, encontrar alternativas para as diferenças.

Vejamos as considerações de Minetto e Bermudez (2018, p. 41, grifo nosso) referentes à síndrome de Down, mas que poderiam ser aplicadas ao autismo ou a outra condição qualquer:

> A eficiência era garantida por poderosos métodos de controle com base nos pressupostos da **simplicidade** (reação causais lineares, causa-efeito), da **estabilidade** (determinação, previsibilidade), da **objetividade** (subjetividade, uma única versão sobre um fato), Vasconcelos (2005). Podemos exemplificar esse pensamento:

1) A criança recebe o diagnóstico da síndrome de Down (Simplicidade = é deficiente)

2) A criança com síndrome de Down tem sua saúde debilitada pelas consequências da síndrome e não vai aprender porque tem deficiência intelectual. (Estabilidade = temos pouco a fazer)

3) Essa é a realidade das pessoas com Síndrome de Down, ou seja, é como ela é (Objetividade = algo que é dela)...."

"....Felizmente, diferentes pesquisadores, tanto na saúde como na educação, hoje já estão cientes deste modelo teórico contemporâneo (o pensamento sistêmico), e seus pressupostos: **complexidade** (contextualização, reação causais recursivas), **instabilidade** (indeterminação, imprevisibilidade, irreversibilidade) e **intersubjetividade** (múltiplas versões sobre um fato, depende do olhar do observador). Vejamos:

1) A criança recebe o diagnóstico da síndrome de Down (**Complexidade** = temos muito a conhecer) **Qual** tipo? Quais comorbidades? Quais estudos já temos sobre essa situação? **Onde**, na região sul do Brasil, na África? **Quando**, em 1920, hoje? Como é seu contexto, sua família, sua escola, os recursos do meio? **O que** pode ser fator de risco e de proteção ao seu desenvolvimento?

2) A criança com síndrome de Down tem sua saúde debilitada pelas consequências da síndrome e não vai aprender porque tem deficiência intelectual. (**Instabilidade** = o que é saúde? O que precisa aprender?) Não temos controle sobre o desenvolvimento. A genética só tem parte do "poder" explicativo sobre o fenômeno, o contexto em que vivermos pode ser um diferencial, um fator de risco ou de proteção ao desenvolvimento. Quais recursos podem ser oferecidos para otimizar o desenvolvimento da criança? Como os pais

e demais adultos estão vendo essa pessoa com SD? Como estamos constituindo esse sujeito: no seu potencial ou nos seus defeitos? O que ele precisa aprender? O que querem ensinar? Então, aprender o quê? Quando? Onde? Para quem? Como aprender?

3) Essa é a realidade das pessoas com Síndrome de Down (**intersubjetivo** = A pessoa com Síndrome de Down com suas características que são próprias, serão parte do meio e das relações que estabelece ao longo do ciclo vital) Então, se as relações intersubjetivas com esta criança considerarem o seu potencial, esta poderá desenvolver muitas competências. Por outro lado, se estas relações focalizarem os seus defeitos... será incompetente. Portanto, teremos muitas versões da mesma pessoa porque estas dependerão das relações que se estabelecem nos contextos proximais e distais em que vive.

O trecho citado mostra uma mudança de paradigma. Pensar a inclusão sob essa ótica amplia o olhar sobre o sucesso e sobre o fracasso. É um pensar além das condições da deficiência, ou, por que não dizer, da "diferença", ou seja, a pessoa e suas características próprias. Consideremos que pais e professores/profissionais também são "pessoas em desenvolvimento", com os próprios atributos, que estão em interação entre si, influenciados pelos mesossistemas escola e família. Eis a complexidade!

Assim, apesar de já termos abordado, em capítulos anteriores, pormenores sobre as relações no contexto educacional, acreditamos que é relevante explorar um pouco como pais e profissionais concebem a deficiência numa visão sistêmica.

Um dos autores de destaque na atualidade que descreve com propriedade como pais concebem sua relação com um filho com deficiência é Vítor Franco (Franco, 2011, 2015).

Para refletir

Ao falarmos do caminho possível percorrido pelos pais, perguntamos: Os professores e os demais profissionais não percorrem também esse caminho?

Franco (2011, 2015) assegura que um filho nasce muito antes de nascer de fato. Nasce de um desejo no imaginário dos pais e de toda a família. Esse filho passa a ser **idealizado** em três âmbitos:

- Estética: correspondente às múltiplas características diretamente associadas a uma beleza estética perfeita.
- Competência: relacionada às capacidades intelectuais e suas potencialidades.
- Futuro: projeção do amanhã ideal de realizações e conquistas para esse filho.

Para o autor, há inúmeras armadilhas que podem, de alguma forma, impedir que os pais "re-idealizem" a imagem desse filho nesses três âmbitos. Compreender a diferença entre o filho que se idealizou e o filho que se gerou é fundamental. Sonhar novos sonhos nas dimensões da estética, da competência e do futuro é necessário para que o desenvolvimento prossiga. Segundo Franco (2011, 2015), é fundamental "re-idealizar".

A seguir, a Figura 3.1 representa o desenvolvimento dos pais de crianças com deficiência. Uma rede de apoio eficiente permite a construção de uma nova imagem, não mais feia do que a idealizada, não menos competente ou sem perspectivas, mas diferente em sua beleza particular, em suas capacidades, realizações e conquistas. Trata-se de sonhar novos sonhos!

Figura 3.1
Desenvolvimento dos pais de crianças com deficiência

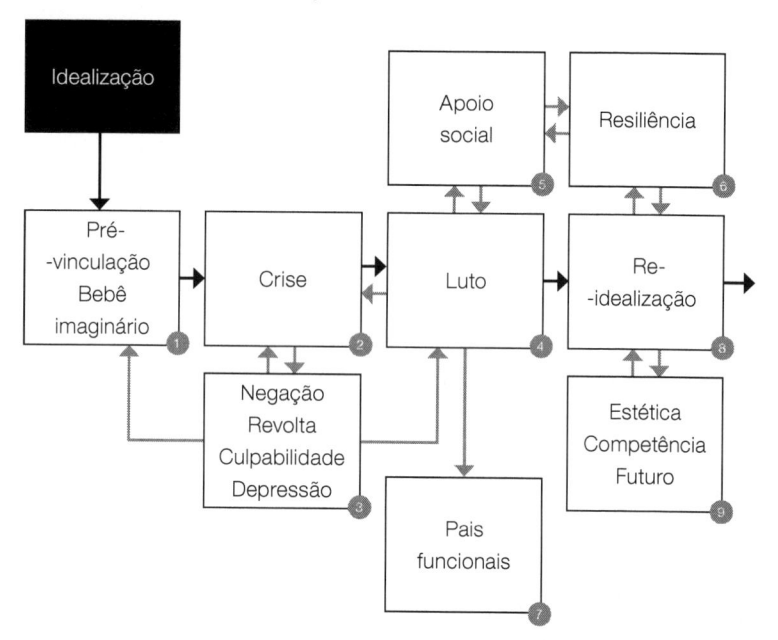

Fonte: Franco, 2015, p. 64.

A deficiência, por muito tempo, foi sinal de incompetência. É comum escutar na escola pais e professores dizerem que a criança não aprende nada: "Só morde, bate, foge, sobe no telhado, mexe no que não deve, não obedece, tem comportamento antissocial". Nesse caso, cabe a reflexão: se a criança faz isso, é porque aprendeu, ela não veio programada em um *chip*. Onde aprendeu isso? Se aprendeu isso, foi porque alguém ensinou, certo? Sim, a sociedade ensina. Então, há potencial, há competência para novos aprendizados.

O que esperamos que ela aprenda?
O que ensinamos?

Para "re-idealizarmos", temos de, primeiramente, ver competências mesmo nas ditas "deficiências". Franco (2015) afirma que a rede de apoio é fundamental, mas, se estivermos junto dos que só veem o "defeito", que não entendem a diversidade humana e suas possibilidades, como isso será possível?

Será que somente pais têm de "re-idealizar" um filho? Professores e profissionais não?

O livro *Quem eu seria se pudesse ser*, de Enrico Montobbio e Carlo Lepri (2007), é uma excelente leitura para ajudar a responder a essas questões. Os autores questionam a possibilidade de uma pessoa com deficiência crescer e tornar-se adulta. Numa metáfora alusiva à história conhecida de Peter Pan, os bebês são pássaros e ganham vida na Terra, com a força do pensamento e o **desejo dos pais**. Muitos pais com filhos com deficiência perdem a força de investimento diante da criança "inesperada". O filho fica à deriva na "terra do nunca", impedido de crescer, permanecendo como eterna criança, nesse caso, constituído no defeito, na deficiência. Em resumo, os autores alertam que, se não sonharmos um adulto, se não houver espaço para o indivíduo crescer com suas diferenças, ele será uma eterna criança. Se não corresponder "ao que foi idealizado para ele", não crescerá. Os autores nos levam a questionar se todos os adultos são perfeitos, se todos são maduros e por que uma pessoa com deficiência não pode ser um adulto de acordo com seu potencial.

Se pensarmos no contexto escolar, o professor que não acredita no potencial de crescimento e de amadurecimento de uma criança, da mesma forma, estará enclausurando essa pessoa na "terra do nunca". "Re-idealizar" o aluno nos âmbitos da estética, da competência e do futuro resulta na compreensão de suas potencialidades, que podem ser diferentes em alguns aspectos em relação aos demais; significa entender que ele aprende em tempos diferentes e de forma diferente.

O modelo bioecológico tem seu olhar ampliado com foco sobre a vulnerabilidade e a resiliência. A inter--relação entre fatores de risco e fatores de proteção precisa ser avaliada de forma conjunta. Os riscos (vulnerabilidades) podem ser minimizados quando se consegue identificar os fatores de proteção que promovem resiliência. Em outras palavras, a prevenção não é somente a identificação de riscos.

Podemos entender, então, que o impacto de um fator de risco pode depender do momento do desenvolvimento evolutivo. Existe maior predisposição à vulnerabilidade quando o risco perpassa todos os subsistemas (Morelato, 2011). Sob essa ótica, a vulnerabilidade está evidente quando a família e/ou a escola não são fatores de proteção, e sim de risco.

Morelato (2011) relaciona os riscos e a proteção aos diferentes microssistemas. A família, o principal microssistema da criança, tem suas características internas, que incluem seu grau de estabilidade emocional, sua história e aspectos pessoais, entre outros. O mesossistema, por exemplo, envolve a qualidade das relações familiares com a escola. O exossistema, por sua vez, abrange a relação entre as instituições urbanas, rurais, o nível socioeconômico, entre outros aspectos. Finalmente, o macrossistema está relacionado às políticas sociais, à cultura do país e até mesmo ao momento sócio-histórico e político que um país vivencia. Esses elementos teriam influência direta ou indireta significativa sobre o desenvolvimento.

Como vimos, o desenvolvimento é um processo dinâmico, complexo, resultado da intergeração de múltiplos sistemas, além dos aspectos biológicos. Exige um olhar multidimensional para os fatores de risco: negação da deficiência ou, ainda, supervalorização dela (não importa se isso ocorre no contexto escolar ou no familiar). Os fatores de proteção são fundamentais para que o desenvolvimento aconteça. A escola e a família, os principais microssistemas a que a criança pertence (mesossistema da criança), não podem aumentar a vulnerabilidade e tornar-se fatores de risco para o desenvolvimento.

3.2
A relação entre teoria e prática: O que estamos fazendo?

Muitas vezes, ouvimos de professores que a inclusão é uma ilusão, ou que, na realidade, não é possível incluir com qualidade, ou ainda (pasme, leitor,!) que não estão (ou não se sentem) preparados para a inclusão. Cabe aqui uma provocação: ser professor é uma profissão; mesmo que consideremos educar como um dom, educar é uma profissão. Recebe-se uma remuneração para exercer essa profissão. Hoje, só existe um modelo de educação no Brasil: a educação inclusiva.

Como alguém pode vender algo que não está preparado para vender? E se vendêssemos telefone? Será que poderíamos dizer que não estamos preparados para aparelhos sem fio? Podemos dizer que não estamos preparados para isso em uma época em que o aparelho fixo está sendo substituído pelo móvel?

Então, todos os professores precisam ser especialistas em tudo? Claro que não. O que precisamos é que as escolas se organizem para a inclusão, ofereçam suporte e possibilidades para que o professor de sala comum, "não especialista", possa atuar da melhor forma. E o professor que não é especialista em deficiência deve ser especialista em crianças ou alunos, ou seja, entender a diversidade e organizar-se para trabalhar nesse contexto.

A analogia com a venda de telefones evidencia que o mundo mudou. Para continuar no mercado de trabalho, sem sofrimento e sem adoecer, o professor tem de se atualizar e buscar soluções. Além daqueles que dizem que a "inclusão não é possível", há também pais desesperados, angustiados, perdidos, tentando de todas as formas fazer com que seus filhos sejam incluídos e se desenvolvam. Como só enxergam a deficiência, superprotegem tentando defender seus filhos de tudo o que pode ameaçá-los no mundo real, muitas vezes insatisfeitos com o que as escolas têm feito e têm chamado de "inclusão".

Quais são os entraves que podem estar impedindo pais ou profissionais de ver ou entender o sucesso ou fracasso da inclusão? Às vezes, a sensação de despreparo não se deve à falta de uma pós-graduação ou cursos específicos, mas à necessidade de lidar com questões pessoais relacionadas à diferença.

A inclusão exige mudanças em todo o sistema escolar. De forma geral, deveria haver redução do número de alunos em sala (a condição atual não favorece o acompanhamento adequado nem para os alunos com desenvolvimento típico), capacitação permanente e rede de apoio eficiente para os professores, participação e acompanhamento da família em todos os âmbitos do processo inclusivo, além das mudanças necessárias no planejamento e na estrutura física da escola, entre outros.

Como em muitos casos não fizemos a tarefa de casa, o "jeitinho" brasileiro criou rapidamente subterfúgios que tratam apenas os sintomas que causam desconforto com a inclusão.

É provável que conheça algumas das estratégias ditas "inclusivas" que têm sido usadas:

- O aluno não vai todos os dias para a escola.
- Chega depois de todos e sai bem antes do fim da aula.
- A mãe ou alguém contratado por ela faz as "adaptações no planejamento" e a escola apenas as executa.

- Criam-se mais classes especiais.
- Coloca-se um tutor, acompanhante terapêutico, profissional de apoio ou cuidador (entre outras denominações) para exercer uma função que não está bem definida.

Certamente, todas essas alternativas podem ser empregadas no processo de inclusão; o problema surge quando essas medidas são usadas para que sejam evitadas mudanças mais amplas ou, ainda, quando são utilizadas para que pais e professores parem de reclamar.

Vejamos em detalhes essas estratégias:

- **O aluno não vai todos os dias para a escola**: essa é uma estratégia indicada em alguns casos, até que o aluno se adapte ao sistema escolar. Porém, deve ser usada por tempo curto e é preciso avaliar se isso é realmente necessário. Não pode ser uma constante durante todo o ano escolar.
- **Chega depois de todos e sai bem antes do fim da aula**: essa também é uma possível solução quando se quer evitar momentos de muita aglomeração e barulho. Contudo, se o objetivo da inclusão é ensinar o meio a lidar com as diferenças e ensinar o aluno que tem a diferença a lidar com o meio, devemos pensar que não pode

ser assim para sempre. Existem casos em que há, de fato, enorme sensibilidade a ambientes muito barulhentos e agitados, principalmente nos casos de autismo. Mesmo assim, aos poucos, deve-se buscar alternativas para que esses momentos sejam entendidos e superados. Como esse aluno, já adulto, atuará um dia no mercado de trabalho? Muitas vezes, os pais acham que seria adequado entrar depois e sair antes de todos os outros alunos porque têm medo de que seu filho se desequilibre com o desconforto do barulho. No entanto, não se pode proteger a criança sempre; é possível que, com o tempo e um bom trabalho, isso possa ser superado. Se pensarmos que essa é a "solução" permanente, não haverá mudanças. A inclusão coloca todos diante do desafio da superação, incluindo o aluno com deficiência.

- **A mãe ou alguém contratado por ela faz as "adaptações no planejamento"**: essa é uma estratégia muito utilizada. Mas vamos pensar: como alguém pode planejar para outro fazer? A escola deve tomar as rédeas do processo. Seria muito importante a participação dos pais e dos profissionais especializados que atendem a criança. Mais à frente, vamos explicar que essa parceria hoje tem definições e nomenclatura própria, como *coensino*, *ensino colaborativo* e *consultoria colaborativa*.

- **Criam-se mais classes especiais**: recordemos quando surgiram as classes especiais. Elas foram criadas no período histórico da integração (anterior à inclusão) para que os alunos com alguma diferença fossem "preparados" para estar com os demais, ou seja, quando estivessem aptos, iguais aos outros mais parecidos com eles, poderiam ir para as salas regulares. Naquela época, isso fazia sentido. Em tempos de inclusão, em que o paradigma é adaptar o meio, reduzir barreiras, aprender com as diferenças, as classes especiais são espaços de segregação, que ampliam o preconceito e a diferença. Mas não devemos ser radicais; é possível que uma escola que tenha uma boa proposta inclusiva use as classes especiais de forma bastante integrada com as demais atividades e que os alunos permaneçam nelas por pouco tempo, com uma proposta determinada, como a alfabetização, que pode ser algo a ser considerado. Contudo, comumente, o que se observa é que os alunos permanecem por muitos anos nessas salas separadas, o que aumenta a diferença. Depois de alguns anos, os pais são chamados para transferir seus filhos para uma escola especial porque não houve desenvolvimento. Pode uma criança não se desenvolver? Se ela estiver viva, estará em desenvolvimento. Cabe lembrar: a inclusão é um trampolim para a vida adulta com mais autonomia e cidadania.

- **Coloca-se um tutor, acompanhante terapêutico, profissional de apoio ou cuidador para exercer uma função que não está bem definida**: em nossa opinião, esse é um ponto frágil na inclusão e que gera desconforto quando posto em debate. Vamos, aqui, usar o termo *tutor* para representar todas as nomenclaturas que vêm sendo usadas para a função de algum tipo de apoio direcionado exclusivamente ao aluno com deficiência. Entendemos que o aluno tem de se desenvolver de seu modo, com foco em sua competência, para conviver com os demais.

Na próxima seção, vamos tratar mais detalhadamente da última estratégia comentada, referente à função do tutor.

3.2.1 Como e quando ter um tutor: características da formação e da função

Para autores como Prado (2016) e Lopes (2018), a palavra *tutor* abrange todos os profissionais de apoio à inclusão escolar: mediador escolar, acompanhante terapêutico, cuidador, auxiliar de vida escolar, estagiário de inclusão, auxiliar de ensino, agente de inclusão, docente de apoio educativo, facilitador e assistente educacional.

O termo *acompanhante terapêutico* (AT), frequentemente usado, tem sua origem no paradigma inclusivo diretamente relacionado ao movimento antipsiquiátrico, que visava à desinstitucionalização e à recolocação de pacientes psiquiátricos no meio social.

> A denominação Acompanhamento Terapêutico é derivada de propostas psicanalíticas. O Acompanhamento Terapêutico tem como precursores o movimento antipsiquiátrico e a psicoterapia institucional que ocorreram a partir da década de 50 na Europa e nos Estados Unidos. Enquanto na América Latina, o AT parece ter surgido no final da década de 60, em Buenos Aires, na Argentina, onde muitos psicanalistas estiveram ligados aos hospitais psiquiátricos. Contudo a prática do AT não apenas transcende a terapia de gabinete (aquela que se limita ao consultório), como era conceituado no seu surgimento, mas também se dispõe a intervir no ambiente do indivíduo – onde estão oferecidos os reforçadores necessários para a aprendizagem de novas habilidades – arranjando contingências de reforço [...]. (Marco; Calais, 2012, p. 5)

Para Marco e Calais (2012, p. 15), determinar a função do AT é uma tarefa difícil porque não está bem definida teoricamente e porque existe uma característica que "difere significativamente a natureza do reforço que o estabelece e o mantém [...]". O AT, do ponto de vista da análise do comportamento, surgiu da luta antimanicomial e da reforma psiquiátrica e em meio às tentativas de instaurar práticas clínicas derivadas da análise experimental do comportamento.

> As influências da luta antimanicomial colocam o AT na função de impedir ou prevenir que clientes crônicos ou com diagnósticos psiquiátricos sejam internados e excluídos da comunidade, enquanto as influências das práticas clínicas derivadas da Análise Experimental do Comportamento posicionam o AT como uma intervenção coerente com os pressupostos teóricos de manejo direto de contingências. (Marco; Calais, 2012, p. 15)

Há muita variação na literatura, mas, de forma geral, no contexto escolar, talvez o termo *acompanhante terapêutico* não seja o mais adequado, apesar de muito utilizado.

Como vimos em capítulo anterior, a Lei n. 13.146, de 6 de julho de 2015, ou Lei Brasileira de Inclusão da Pessoa com Deficiência (LBI), sugere, no art. 28, inciso XVII, "oferta de profissionais de apoio escolar" (Brasil, 2015). Porém, esse profissional tem sido entendido de diferentes formas. Em alguns municípios, o serviço desse profissional só é oferecido para alunos com problemas motores, e a função se restringe a aspectos de higiene, alimentação e locomoção. Na maioria dos casos, o "profissional de apoio escolar" é chamado de *tutor* e pode ter como função ficar única e exclusivamente acompanhando o aluno em todos os momentos, incluindo o planejamento e a organização das tarefas.

É importante considerarmos como se caracteriza essa função em países em que a inclusão escolar está consolidada há mais tempo.

Nos contextos internacionais, os tutores também são identificados de diferentes formas: *paraprofissionais* (Martin; Alborz, 2014), *professores mentores (mentor teachers)* (Kurth; Pratt, 2017), *professores assistentes (teaching assistants)*, *assistentes de classe (class assistants)* e *assistentes de aprendizagem (learning support assistants)* (Tucker, 2009).

O principal diferencial nas abordagens internacionais está na proposta-base, em que esse "tutor" – mesmo sendo uma pessoa sem uma formação específica – é treinado para exercer uma função definida, com plano de trabalho desenvolvido pelos profissionais da escola, com tarefas estipuladas de forma clara e, principalmente, como integrante da equipe pedagógica da escola.

Existe uma variedade de estudos internacionais tentando delimitar a função de tutor. Entre eles, destacamos o *Managing Teaching Assistants: a Guide for Headteachers, Managers and Teachers*, de Anne Watkinson (2004), que se constitui em um guia de gerenciamento de assistente de ensino), do qual trataremos mais à frente, e o artigo de revisão de literatura, de autoria de Stanley Tucker (2009), intitulado "Perceptions and Reflections on the Role of the Teaching Assistant in the Classroom Environment" e publicado no periódico *Pastoral Care in Education*. Neles, os autores abordam muitos aspectos em consonância com momentos que vivemos no Brasil atualmente.

Os estudos mencionados são de mais de dez anos atrás porque a inclusão já foi um desafio para outros países e somente agora o Brasil está lidando com ela. Observar a trajetória e as reflexões de outros contextos ajuda a refletir sobre o caminho que deveremos percorrer; entretanto, devemos lembrar que não é possível "copiar" o processo, uma vez que as realidades são muito distintas.

Com o aumento de alunos em inclusão na Europa, especialmente na Inglaterra no início deste século, multiplicou-se rapidamente a função do assistente de classe. Surgiu, então, a necessidade da formalização da profissão, incluindo a estipulação de carga horária de trabalho, sindicalização e características de formação. Trata-se de considerar os desafios e problemas que afetam na construção da identidade ocupacional. Uma preocupação, segundo Tucker (2009), foi que os assistentes de classe não se tornassem "peças sobressalentes", destoando do conjunto da escola. Assim, a regulamentação dessa atuação exigiu uma construção ideológica e política que foi se estabelecendo por meio das mudanças culturais relativas ao entendimento não só da inclusão, mas também das reais necessidades de apoio que o professor tem em sala para o trabalho com todos os alunos.

Um destaque na literatura internacional está no fato de que o "apoio" é para o professor ou para os alunos de uma forma geral. Em alguns casos ou momentos, esse profissional fica direcionado somente ao aluno com necessidades educacionais especiais.

Tucker (2009), numa revisão histórica, identifica dificuldades de identidade dessa função, destacando situações de conflito que incluíram o relacionamento entre o profissional de apoio e os regentes da classe. Ao rever os padrões de trabalho do assistente de classe, o autor aponta certo grau de confusão e de conflito quando se trata de descrever e analisar tarefas específicas e funções. Tucker ressalta, por exemplo, a contribuição dos assistentes de classe para a inclusão (trabalho descrito como suporte a necessidades especiais ou gerenciamento de comportamento). Atender o aluno com deficiência é, frequentemente, definido como central para o papel de muitos assistentes de classe por diretores, professores e pais, ou seja, estes esperam que esse profissional faça esse serviço.

No entanto, o resultado de algumas pesquisas indica que a contribuição dos assistentes de classe para a inclusão nem sempre é vista como necessariamente positiva (Hemmingsson; Borell; Gustavsson, 2003). Para diferentes autores, a atenção de um assistente de classe pode, de fato, agir como um casulo, protegendo os alunos de desafios de aprendizagem e integração com os pares (Moyles; Suschitzky, 1997 citadas por Tucker, 2009; Shaw, 2001 citada por Tucker, 2009; Moran; Abbott, 2002 citadas por Tucker, 2009).

Outra crítica apontada por Hemmingsson, Borell e Gustavsson (2003), feita por diretores e professores, é o fato de que a presença do assistente de classe para um único aluno pode, efetivamente, diminuir a qualidade e a frequência da interação com professores em sala de aula. Nesses casos, os assistentes de classe recebem instruções específicas explícitas sobre o que devem e o que não devem fazer. Segundo Hemmingsson, Borell e Gustavsson (2003, p. 23, tradução nossa), "eles não devem falar com a criança quando o professor da turma estiver falando, qualquer explicação necessária deve ser feita depois; eles não devem sentar-se apenas com a criança com deficiência, pois isso causaria dependência social e acadêmica".

Tucker (2009) sustenta que o trabalho preparatório de alto nível é essencial nos casos de inclusão. Isso inclui rever e avaliar abordagens de ensino e aprendizagem e gestão de estratégias na escola e em sala de aula. O apanhado de pesquisas feito por Tucker (2009) evidencia que é preciso saber quando oferecer apoio individual a alunos específicos e quando tratar isso como um recurso geral, para evitar a segregação ou a marginalização. Um trabalho eficiente de assistente de classe pressupõe o envolvimento e a compreensão de objetivos, conteúdos, etapas e resultados de cada tarefa, além de uma articulação com todas as partes interessadas. Para isso, há necessidade de propiciar constantes oportunidades de planejamento e troca de informações no cotidiano escolar e formação continuada compartilhada. Em outras palavras, deve ocorrer uma mudança de cultura.

Watkinson (2004) criou seu guia de gerenciamento de assistente de ensino com base em suas experiências desenvolvidas diretamente nas escolas. Para a autora, a nomenclatura *assistente de ensino* foi estabelecida apenas na Inglaterra, no País de Gales e na Irlanda do Norte. A Escócia refere-se a esse profissional como *assistente de classe*. Esse guia de boas práticas elegeu o termo *assistente de ensino*, o preferido do governo da Inglaterra para fazer referência a todos aqueles com emprego remunerado que atuam em apoio aos professores em escolas primárias, especiais e secundárias. Isso inclui aqueles com um papel geral e os que têm responsabilidades específicas para com uma criança, área ou faixa etária.

Na sequência, vamos apresentar alguns destaques desse guia de boas práticas de Watkinson (2004), pois ele é bastante rico em proposições, exemplos concretos e ideias.

Com relação à **delimitação do perfil** e à **formação**, a autora afirma que há uma muita discussão ainda a respeito da variedade e da eficácia do treinamento que é oferecido. Uma revisão bibliográfica revela uma série de questões importantes relativas à natureza, à disponibilidade e à adequação da formação oferecida. O que fica evidente é que, ao longo do tempo, não houve uma coordenação eficaz. Para Watkinson (2004), o que existiu, durante muito tempo, foi uma colcha de retalhos de oferta, com oportunidades relativamente segmentadas.

Mediante um engajamento político, houve significativa evolução no Reino Unido, com a criação do Departamento de Educação e Competências no ano 2000 e de oportunidades de formação no nível de assistente de ensino desde 2003 (embora tenha havido dificuldades importantes com a introdução desse estatuto e com a remuneração). A formação passou a ser oferecida por fundações e universidades. No entanto, o fundamental parece ser a motivação para a função e o apoio que o profissional recebe de diretores e professores quando chega à escola. Para a autora, por melhor que seja a preparação do assistente, tudo se perde se o professor não estabelece uma relação de parceria com ele e não se promove a formação continuada desse assistente.

Ainda considerando essa base de formação, o guia propõe uma **seleção do perfil** para esse assistente, que, independentemente de qualquer formação, deve ter as seguintes competências, entre outras: ter capacidade de lidar com indivíduos ou grupos de alunos; compreender as responsabilidades em relação aos alunos com necessidades educacionais especiais; buscar estabelecer um ambiente de aprendizagem seguro e com algum propósito, incluindo o uso de recursos didáticos; ter expectativas mais elevadas para todos os alunos, em termos tanto acadêmicos como comportamentais; usar habilidades como monitorar, intervir, estimular e comunicar, fomentando entusiasmo e motivação, instruindo, ouvindo e questionando abordagens usadas para ensinar; desenvolver as habilidades dos alunos para a colaboração; promover uma prática reflexiva; saber trabalhar em parceria com o professor; fazer parte da escola; acreditar na inclusão e apoiá-la.

O guia sugere algumas **funções** para esse assistente de ensino:

- lidar com problemas de bem-estar e problemas de comportamento;
- minimizar distrações para toda a turma ao lidar com indivíduos;
- manter os alunos em tarefas individuais, respondendo, repetindo ou reformulando as perguntas feitas pelo professor;
- fornecer explicações adicionais ou alternativas para os alunos de forma individual;
- oferecer apoio especializado, por exemplo, para deficientes auditivos;
- possibilitar que os membros mais passivos da classe recebam mais atenção;

- contribuir com alunos menos confiantes, ou com menor capacidade, ou com NEE [necessidades educacionais especiais], para que façam suas tarefas;
- fornecer apoio a um indivíduo ou grupo de alunos que permita lidar com tarefas em que tenham dificuldades;
- dar mais explicações individuais sobre uma tarefa;
- dar *feedback* sobre a aprendizagem dos alunos ao professor, para que ele possa ajustar o desafio ou ritmo de aprendizagem em lições posteriores. (Watkinson, 2004, p. 148, tradução nossa)

O'Brien e Garner (2001) acreditam que os assistentes de ensino colaboram para que as crianças pensem de uma forma mais focada no caminho de sua aprendizagem, modelem o comportamento positivo e desenvolvam relacionamentos, aumentando a autoconfiança delas, além de encorajarem a tomada de decisões. Embora os assistentes possam conhecer um pouco sobre teorias de aprendizagem ou tenham interesse na aprendizagem infantil, precisam sempre estar atentos às diferenças individuais. Para O'Brien e Garner (2001), o papel do assistente de ensino é sempre muito complexo e variado.

Situação do tutor, profissional de apoio no Brasil

Apesar de a LBI (Brasil, 2015) e as demais legislações brasileiras não serem específicas com relação à função do profissional de apoio, esse "cargo" existe, de fato, na prática, sem definições e delineamento próprio, o que justifica as diferentes atuações, nomenclaturas e entendimentos relacionados a suas funções. Tal situação, a nosso ver, é muito nociva e pode trazer muitas consequências, como a "pseudoinclusão".

Martins (2011), Marin (2010), Marin e Sampaio (2004) e Oliveira (2004) identificam uma "desvalorização" compreendida como constituinte da precarização do trabalho. Para esses autores, os problemas do cargo de tutor/profissional de apoio se somam a aspectos como ausência de formação, ausência de propostas governamentais que regularizem o cargo, baixos salários, sobrecarga de trabalho, pouca valorização e ausência de suporte para desenvolver o trabalho.

Prado (2016) salienta que a falta de delimitação da função faz com que não haja referência quanto ao auxílio a ser prestado, porque não se estabelece se ele deve ser relacionado aos aspectos pedagógicos do processo de ensino-aprendizagem, ao apoio ao professor regente ou ao desenvolvimento de atividades pedagógicas de forma individualizada. A autora afirma que muitas práticas de tutores/profissionais de apoio revelam o modelo de segregação quando a atuação é individualizada e/ou separada dos demais alunos da classe comum: o tutor fica "responsável" pelo aluno com deficiência e o professor regente de turma trabalha com os demais alunos. Quando consideramos as publicações internacionais, vemos que essas práticas estão delatadas nas críticas de alguns estudiosos, como a do americano Tucker (2009), que se refere à atuação do tutor como um "casulo" que protege o aluno dos desafios da inclusão.

Pesquisas ainda mais recentes acerca do contexto brasileiro, como a de Lopes (2018), identificam as funções do tutor como concernentes aos cuidados básicos com higiene, locomoção e alimentação, ao auxílio na atividade pedagógica, ao auxílio nas questões comportamentais, ao auxílio nas atividades fora da sala de aula, à responsabilidade de planejar e de ensinar, ao cuidado com as necessidades básicas de saúde, entre outros aspectos. O autor entende que a situação dos alunos com necessidades educacionais especiais está mais ligada às questões pedagógicas e que, portanto, não precisariam de tutores, mas de uma reorganização do currículo. Matos e Mendes (2015) acreditam que o tutor pode prejudicar as relações interpessoais entre os estudantes, havendo a interação dessa criança apenas com esse profissional.

Nessa mesma perspectiva, Lopes (2018) argumenta que a centralização do trabalho no tutor/profissional de apoio ainda poderia infantilizar e reforçar o preconceito.

Após essas considerações, vamos refletir: A presença do tutor é positiva ou negativa? Sua presença é necessária ou desnecessária?

Isso depende de como se entende esse profissional na escola e na educação inclusiva e também de como a família entende os princípios inclusivos e os potenciais de seu filho.

Se o tutor/profissional de apoio é empregado para que não se mude nada na escola e não se prejudique o que está posto como única verdade possível; se o tutor é contratado para defender o filho do mundo da inclusão; se o tutor atua para "atender o defeito", para que a diferença não cause problemas para a escola que faz poucas mudanças, então a resposta seria: a presença do tutor é negativa.

Se o tutor atua como um meio de facilitar a transposição das barreiras de relacionamento e de aprendizagem; se ele busca estar junto em todo o processo de organização da escola; se ele se apresenta como **uma das ferramentas da inclusão** (e não a única); se ele, com o tempo, se torna desnecessário, então a resposta seria: a presença do tutor é positiva.

Para refletir

Recentemente, fui muito criticada ao usar uma metáfora ("o tutor acaba sendo uma muleta") para explicar para as escolas que o tutor/profissional de apoio, quando empregado de forma abusiva, acarreta prejuízo ao desenvolvimento no longo prazo. Fui infeliz ao usar essa metáfora, que sugere algo que limita e causa dependência. Muitos pais e profissionais fizeram críticas duras. É mais fácil criticar quem tira as pessoas da zona de conforto.

Podemos perguntar: Quem se beneficia com o tutor que fica o tempo todo com o aluno?

Seria a escola como um todo, porque não precisa fazer grandes mudanças em sua estrutura, como redução de alunos em sala, capacitação de professores e flexibilizações curriculares, ou porque usa o tutor para diminuir a reclamação de pais e professores? Seriam os pais, porque, em sua angústia, vivem o dilema do medo, do preconceito, do sofrimento pelo qual o filho vai passar, da necessidade de protegê-lo do mundo? Seria o próprio tutor, porque, independentemente de sua formação, tem seus ganhos como profissional (se for um estagiário, terá a oportunidade de aprender com o caso com o qual vai lidar; se for um profissional especializado, em vez de atender um grupo de crianças – regente de turma – ou de orientar muitos professores, poderá dedicar-se a um único caso)? Quem ganha com isso?

Certamente, podemos saber quem perde: o aluno que é informado, a todo momento, que, sozinho, nada pode fazer, que só consegue fazer certo quando tem alguém para acompanhá-lo, que todos esperam que ele não erre ou não seja diferente. O mesmo está sendo dito para todos os colegas de sua classe e da escola, que, no futuro, como adultos, trabalharão junto com esse colega com deficiência.

Outro ponto que merece destaque é que, em muitas experiências exitosas, é um estagiário de Pedagogia,

Psicologia ou Educação Física que ocupa essa função de tutor. É claro que é possível fazer muitas críticas a essa situação, principalmente por parte de pais de crianças com autismo, visto que a Lei n. 12.764, de 27 de dezembro de 2012, ou Lei Berenice Piana, faz menção a "profissionais especializados" (Brasil, 2012). Portanto, os pais querem esse tipo de profissional para essa função.

Nesse contexto, podemos considerar que um estagiário não tem o preparo suficiente, isto é, na maioria das vezes, é jovem, tem pouco conhecimento e experiência; porém, isso não necessariamente é ruim. Esse jovem pode ser mais maleável a novas propostas e vai se adaptar mais rápido às normas da escola.

Aqui, é importante pensar de forma crítica sobre essa questão. A vantagem de não estar preparado é que o estagiário tem de ser orientado e acompanhado pelo professor. Trata-se de uma vantagem porque, nesse caso, temos mais inclusão e menos "casulos". Novos profissionais estão sendo preparados para a realidade da escola. Quando o tutor é um especialista (um professor formado e com especialização), existe o grande risco de se fazer um trabalho à parte dentro da sala, ou seja, não é o professor regente que conduz o processo, mas o especialista. É a isso que chamam de *inclusão*? Há vantagens e desvantagens se pensarmos na formação do profissional. Contudo, isso ocorre porque ainda não há um projeto inclusivo que defina e integre as atividades dessa função de tutor/profissional de apoio.

Quem será o maior prejudicado se o tutor for permanente e estiver presente ao longo da escolarização do aluno? Como será sua vida adulta e como atuará no mercado de trabalho? Com tutor? Vai namorar na presença de um tutor também? Não podemos pensar na vida desse aluno apenas enquanto ele é criança: o adulto se constitui desde a infância. Suas concepções sobre si e suas capacidades estão sendo registradas a cada nova experiência. Como ser um adulto com autonomia e autodefensoria/autoadvocacia se sua criação tiver como foco o "defeito" ou a "diferença"?

Nesse sentido, vale fazermos uma reflexão, lembrando também a infeliz metáfora da bengala, citada anteriormente. Daniel Valdez (2016), autor argentino, usou o termo *andaime* – estrutura utilizada como apoio para dar acesso a um lugar ou escorar algo durante uma reforma ou construção – ao se referir ao profissional de apoio. Ele quis chamar atenção para as consequências de um andaime permanecer muito tempo, ou para sempre, na frente da casa. Esse anteparo causa sombra, não permite que se veja totalmente a casa e pode resultar na formação de bolor no interior da casa, ou seja, provoca consequências no longo prazo. Como já mencionamos, Tucker (2009) também destaca, em sua revisão de literatura, diferentes autores que usam a metáfora do casulo para explicar que a presença do assistente de ensino (tutor) por muito tempo é prejudicial.

Sintetizando essa ideia, podemos afirmar que, qualquer que seja a terminologia usada, essa função só será eficiente se: for empregada com cuidado e moderação; houver estruturação de seu trabalho de forma integrada com outras estratégias inclusivas; com o tempo, ela se tornar desnecessária. Caso contrário, as consequências no longo prazo (e não imediatas) podem incluir dependência, limitações de interação com os colegas, distanciamento ou pouco envolvimento do professor regente, ou mesmo a não responsabilização em relação ao aluno com deficiência, além da possibilidade de rotulação do aluno especial como incapaz de ter autonomia, com o foco em suas dificuldades, e não em seu potencial.

Fica claro que, muitas vezes, os gestores e a equipe pedagógica percebem que, em muitos casos, não há necessidade de um apoio para cada criança, por isso um grande avanço seria esse tutor atender a mais de uma criança, o que já geraria mais autonomia. No entanto, a direção da escola cede à pressão de pais e professores, sem uma avaliação da real necessidade.

Recorrer a um profissional de apoio pode ser uma solução rápida, com vistas a disfarçar a diferença da deficiência, evitar medidas mais efetivas, como redução do número de alunos, estruturação das flexibilizações ou formação de professores, e, principalmente, dar mais conforto aos pais que temem pelos seus filhos.

Até quando vamos fechar os olhos para isso? Encerramos esta seção lembrando estas palavras que exigem nossa reflexão: *casulo, bengala* e *andaime*.

3.3

A relação entre teoria e prática: novas estratégias inclusivas

Como vimos na seção anterior, a solução das dificuldades da inclusão não está em empregar um tutor. Não existe uma única solução ou verdade para a inclusão. Bronfenbrenner (2002, 2011), ao tratar do desenvolvimento, aborda a complexidade apontando que o olhar deve considerar a **pessoa**, o **processo**, o **contexto** e o **tempo**. Isso já indica que não há uma única solução ou resposta correta. Além disso, o que está sendo bom hoje para uma criança ou escola amanhã pode não ser o mais adequado, simplesmente porque todos estamos em desenvolvimento, ou seja, mudando a cada momento.

Em capítulo anterior, vimos que a flexibilização curricular compreende as modificações feitas em diversos elementos do currículo básico para atender à diversidade. Acreditamos que esse seja um dos maiores impactos da inclusão no contexto escolar. A escola estava acostumada a "imaginar" que todos poderiam responder a modelos prontos.

O grande salto paradigmático foi este: da igualdade para a equidade. Segundo o *Dicionário Houaiss* (Houaiss; Villar, 2009), *equidade* é "respeito à igualdade de direito de cada um, que independe da lei positiva, mas de um sentimento do que se considera justo, tendo em vista as causas e as intenções".

Quando a inclusão não dá certo? Quando se opta pela igualdade e não pela equidade, pelo que é justo para cada um.

Figura 3.2
Representação do paradigma inclusivo

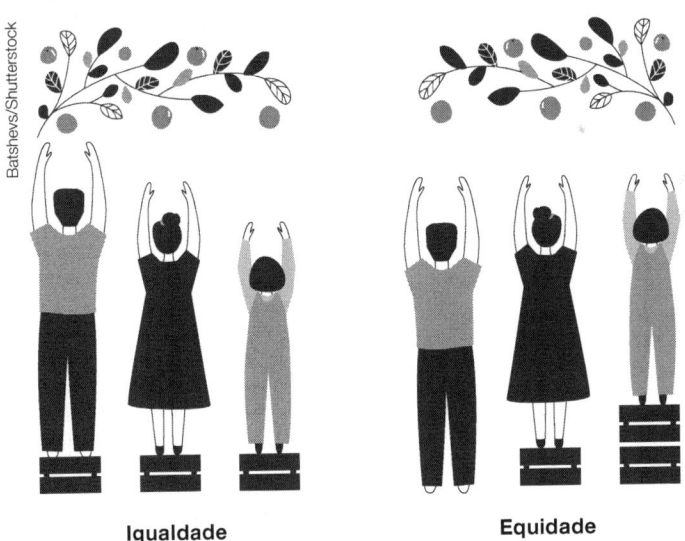

Igualdade   **Equidade**

Assim, diferentes estratégias têm sido propostas para garantirmos uma educação justa, que reduza ou transcenda barreiras estabelecidas pelo próprio sistema. Uma constatação nos parece certa: a educação brasileira não está parada. Muitos estudos e tentativas de tornar a educação justa para todos e não só para pessoas com deficiência vêm sendo empreendidos. Por isso, vamos discutir rapidamente, a seguir, alguns conceitos e propostas.

Iniciaremos pelo **desenho universal para a aprendizagem (DUA)**. O conceito de desenho universal, segundo Mendes (2016), foi formulado na década de 1960 por arquitetos que buscavam desenvolver projetos, instalações e espaços que pudessem ser frequentados pelo maior número possível de pessoas sem a necessidade de adaptações. É uma iniciativa voltada à adoção de recursos de acessibilidade e redução ou eliminação das barreiras existentes no ambiente, de modo a beneficiar as pessoas com deficiência e também promover qualidade de vida para todos. Como exemplos, podemos citar tesouras, cadeiras e abridores para destros e canhotos, bem como rampas que beneficiam cadeirantes e carrinhos de bebês.

O DUA, seguindo o mesmo paradigma inclusivo de adaptar o meio para todos, propõe um conjunto de recursos, técnicas e estratégias a serem utilizados no contexto educacional a fim de atender às características, necessidades e interesses de todos os alunos, de forma a reduzir as barreiras de aprendizagem. Segundo Zerbato e Mendes (2018), o DUA (na denominação original em inglês, *Universal Design for Learning* – UDL) foi desenvolvido, em 1999, por David Rose, Anne Meyer e outros pesquisadores do Center for Applied Special Technology (Cast) e apoiado pelo Departamento de Educação dos Estados Unidos, em Massachusetts.

Segundo Nelson (2013), o DUA está embasado cientificamente em diferentes pesquisadores e áreas do conhecimento que se ocupam da aprendizagem. Para o autor, as contribuições dos estudos nos permitem entender que, para aprender, é necessário considerar:

- aspectos emocionais e biológicos de cada pessoa;
- experiências realmente significativas e tempo adequado para vivenciá-las;
- motivações relacionadas às emoções;
- conhecimentos que possam ser contextualizados em diferentes ambientes;
- aprendizado sobre assuntos que façam sentido, evitando-se a memorização;
- observação das características e tempos de aprendizagem de cada um;
- uso de desafios e promoção da segurança para que haja aprendizado.

As estratégias do DUA devem levar em conta, conforme Rose e Meyer (2002), premissas das neurociências acerca dos três grandes sistemas corticais do cérebro envolvidos durante a aprendizagem: por que é bom aprender isso; o que eu preciso aprender; como posso aprender isso, como ilustra a Figura 3.3.

Figura 3.3
Representação gráfica das estratégias do desenho universal para a aprendizagem (DUO)

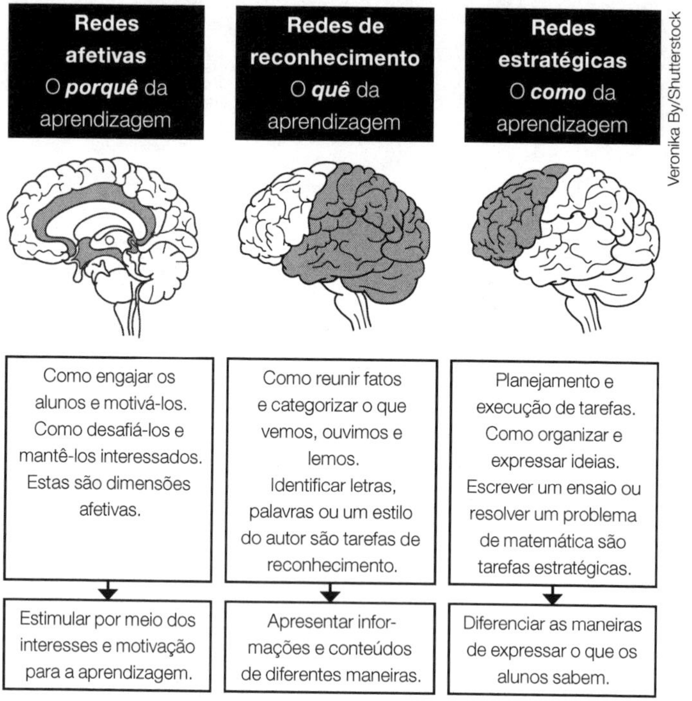

Redes afetivas O *porquê* da aprendizagem	Redes de reconhecimento O *quê* da aprendizagem	Redes estratégicas O *como* da aprendizagem
Como engajar os alunos e motivá-los. Como desafiá-los e mantê-los interessados. Estas são dimensões afetivas.	Como reunir fatos e categorizar o que vemos, ouvimos e lemos. Identificar letras, palavras ou um estilo do autor são tarefas de reconhecimento.	Planejamento e execução de tarefas. Como organizar e expressar ideias. Escrever um ensaio ou resolver um problema de matemática são tarefas estratégicas.
Estimular por meio dos interesses e motivação para a aprendizagem.	Apresentar informações e conteúdos de diferentes maneiras.	Diferenciar as maneiras de expressar o que os alunos sabem.

Fonte: Zerbato; Mendes, 2018, p. 151.

A Figura 3.3 mostra que, para aprender, qualquer criança precisa de oportunidades estruturadas que favoreçam o processo e eliminem barreiras. Para Zerbato e Mendes (2018), incluir não é apenas mudar as tarefas pedagógicas aplicadas em sala de aula; é preciso ir além e assegurar que o projeto político-pedagógico (PPP) vise à boa escolarização para todos os alunos.

Nesse sentido, as autoras afirmam que

> o DUA pode ser um aliado em potencial do trabalho colaborativo para o favorecimento da inclusão escolar, pois converge em um objetivo comum: a construção de práticas pedagógicas acessíveis para a escolarização de todos em sala de aula do ensino comum por meio da parceria colaborativa entre professor de ensino comum e Educação Especial e/ou outros profissionais especializados. (Zerbato; Mendes, 2018, p. 154)

Tendo em vista os princípios até aqui explorados, que entendimento podemos formar a respeito das salas de recursos multifuncionais, do coensino, ou ensino colaborativo, e da consultoria colaborativa?

A educação está em evolução, em consonância com a legislação que sugere novos parâmetros que apoiem o processo de inclusão. Com isso, surgiram as **salas de recurso multifuncionais**, cujo objetivo é oferecer atendimento educacional especializado (AEE) ao público-alvo da educação especial (PAEE). Esse atendimento deve ser prestado de forma complementar ou suplementar aos estudantes com deficiência, transtornos globais do desenvolvimento e altas habilidades/superdotação matriculados em classes comuns do ensino regular.

As salas de recursos contam com profissionais especializados e devem ser articuladas com as atividades realizadas na sala de aula comum, o que não se observa em muitos casos. Em resumo, trata-se de atendimento oferecido por professor especializado, com planejamento individualizado para as necessidades do aluno PAEE e com recursos adequados, fora do horário normal de aula.

Outro recurso é o **coensino**, ou **ensino colaborativo**, que ocorre quando há dois regentes em sala. Vejamos o que afirmam Mendes, Vilaronga e Zerbato (2014, p. 45):

> O ensino colaborativo ou coensino é um dos modelos de prestação de serviço de apoio no qual um professor comum e um professor especializado dividem a responsabilidade de planejar, instruir e avaliar o ensino dado a um grupo heterogêneo de estudantes. Tal modelo emergiu como alternativas aos modelos de sala de recursos, classes especiais ou escolas especiais, especificadamente para responder às demandas das práticas de inclusão escolar de estudantes do público-alvo da educação especial [...].

Cabe ressaltar que esses dois docentes – um deles especializado em educação especial (graduação em Educação Especial) – não desenvolvem um trabalho centrado no aluno com deficiência, isto é, ambos os professores trabalham juntos com todos os alunos em sala. Esse modelo parece ideal, mas nada é perfeito. Há poucas universidades que formam no nível de graduação em Educação Especial no Brasil. Ainda temos de considerar que muitos professores podem não aceitar essa parceria para a tomada de decisões e o compartilhamento da sala de aula. Esse trabalho exige certa harmonia na relação entre os docentes.

Por sua vez, a **consultoria colaborativa** consiste no contato entre os professores e/ou pedagogos e os profissionais que atendem o aluno PAEE fora da escola, em áreas específicas, como fonoaudiologia, fisioterapia, terapia ocupacional, psicopedagogia e psicologia. O objetivo é a troca de informações, com a realização de reuniões com vistas a alinhar necessidades de trabalho, em conjunto com a família.

A inclusão já é um fato, mas parece que, de alguma forma, só se vê o lado que não está funcionando. Por isso, é importante refletir sobre as múltiplas dimensões (social, educacional, política, individual e prática) que compõem a ideia de inclusão. Também é preciso buscar novas estratégias constantemente.

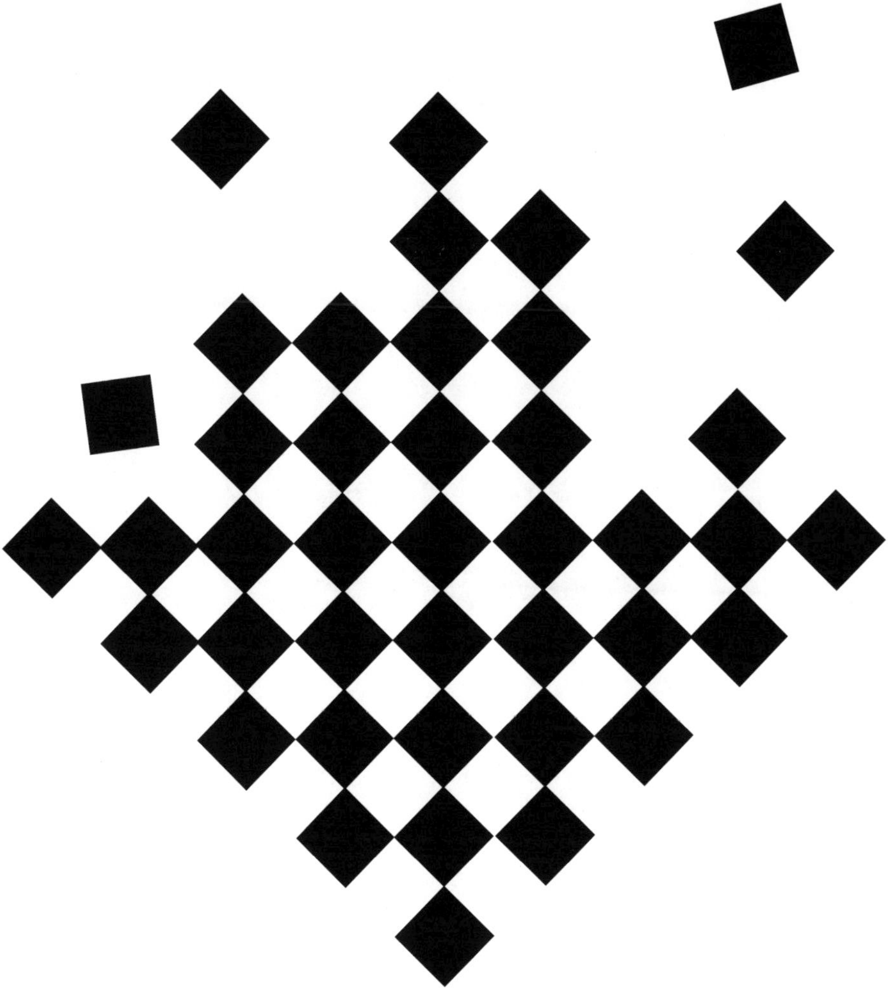

RECURSOS NECESSÁRIOS PARA ADAPTAÇÕES CURRICULARES EFICIENTES NAS ESCOLAS INCLUSIVAS

◆ ◆ ◆ ◆

◆

Neste capítulo, faremos algumas considerações sobre as particularidades educacionais nas diferentes necessidades educativas especiais. Apresentaremos algumas sugestões para a organização da ação docente no cotidiano de uma sala inclusiva, bem como os recursos e as tecnologias assistivas que podem ser utilizados. Considerando-se a dimensão do tema, a intenção é dar uma ideia geral do que pode ser disponibilizado para o professor no contexto inclusivo, mas salientando que há muito mais a ser conhecido.

Fazer adaptações curriculares eficientes para alunos com necessidades educativas especiais pressupõe considerar que as particularidades de cada aluno precisam ser levadas em conta para que se obtenha sucesso na aprendizagem. Se existe uma diferença no processo de aprendizagem por uma razão qualquer, é preciso respeitar essa diversidade na forma de ensinar. Atualmente, há uma variedade de recursos que facilitam o trabalho do professor e a aprendizagem do aluno. No entanto, tendo em vista o avanço das inovações na área, quando o professor recebe um aluno com necessidades educativas especiais, deve buscar constantemente alternativas que viabilizem a ação pedagógica.

4.1
A organização do cotidiano da sala inclusiva

Vamos relatar uma experiência vivida por nós em uma escola da cidade de Curitiba, capital do Paraná. A escola inclusiva em questão recebeu um aluno com necessidades educativas especiais e definiu as adaptações curriculares que seriam necessárias, com o apoio de uma equipe interdisciplinar (professora de sala de aula, pedagoga da escola, diretora da escola, psicóloga e fonoaudióloga que acompanhavam o aluno fora da escola) e dos pais. A docente nunca havia trabalhado com uma criança com deficiência intelectual. O que ocorre é que, após a organização do que fazer, todo mundo vai embora, o professor fecha a porta da sala de aula e começa o desafio. Todos nós que já passamos por isso sabemos quão angustiante pode ser esse momento. Todas as nossas habilidades entram em xeque.

Essa professora passou os primeiros meses atormentada pela ansiedade e pelas dificuldades de cumprir o que havia sido programado. Mas a grande contribuição nesse exemplo é seu relato após um ano de trabalho com a turma. Ela revelou que tinha passado por fases distintas: ansiedade, angústia, medo, dispersão em relação aos objetivos, retomada da consciência de que podia fazer diferente, identificação de suas falhas, organização de estratégias de ação e domínio da situação. Ela confessou que estava completamente perdida e que, por vezes, pensou em desistir; porém, pôde perceber que não estava sozinha. Quando falou para outros sobre suas dúvidas e seus medos, foi acolhida, e isso a ajudou muito a superar essa fase.

Com esse relato, vemos que, por mais que as responsabilidades estejam divididas, coordenar uma sala de aula considerando a subjetividade de cada aluno é uma arte. Sabemos que o professor é capaz disso se souber se organizar e controlar seu emocional. O relato dessa experiência mostra que, embora o contexto esteja organizado e ofereça suporte, o professor aceite o desafio da inclusão e os pais estejam colaborando, há um processo natural de adaptação à diferença, há o processo do entendimento pessoal sobre como fazer diferente.

Esse exemplo não pode ser tomado como uma regra e não reflete a realidade em um país como o Brasil, com muitas diferenças regionais e culturais. Na maioria dos casos, não ocorre uma redução do número de alunos em sala ou não se dispõe de uma sala de aula com um espaço adequado, tampouco há uma equipe de apoio.

Muitos professores que estão lendo este livro podem estar pensando que aqui citamos apenas casos de sucesso. Talvez estejam se perguntando: E as coisas terríveis que vemos todos os dias, como crianças agressivas ou regredindo?

Saiba, leitor, que já atuamos em situações que extrapolaram os limites do suportável. Já atendemos casos de crianças que estavam se automutilando (arrancando pedaços de sua pele, cabelos), de alunos que passavam suas fezes nas paredes da escola. Deparamo-nos com regressões e encontramos professores completamente estressados e agressivos. Contudo, temos certeza de que esses comportamentos só vêm mostrar que, para essa criança ou para esse professor, há algo insuportável. Temos consciência das dificuldades do processo de inclusão escolar. Em cada caso, é necessário entender que o sintoma (comportamento indesejado manifestado pelo aluno ou pelo professor) sinaliza que alguma situação no funcionamento daquele sistema lhe causa sofrimento e que, para sobreviver, é preciso que ocorram modificações. O procedimento mais adequado quando as coisas já estão fugindo do controle é buscar a compreensão do que gera o sofrimento: medo, cobrança, sentimento de incapacidade, falta de apoio, entre outros. Com base nessa compreensão, o ideal é organizar uma rede de apoio que favoreça a promoção de mudanças.

Salientamos que, muitas vezes, somente a criação de um espaço de escuta para o professor, no qual ele possa manifestar seus sentimentos e transformar suas angústias em palavras, já é muito relevante para o contexto.

O docente tem o direito de se sentir inseguro, isso é da natureza humana.

Por várias vezes, afirmamos que a inclusão pode ser uma faca de dois gumes. Pode ser maravilhosa para o crescimento de todos, mas pode ser motivo de sofrimento para muitos se não estiver bem estruturada. Certamente, independentemente da dificuldade, é possível encontrar uma forma de reorganizar o sistema.

Já presenciamos muitos casos em escolas públicas de periferia que merecem destaque. Em um deles, além de se tratar de uma sala apertada de 4ª série do ensino fundamental com 32 alunos, havia três alunos com necessidades educativas especiais diferentes (um com perda auditiva severa, um com hiperatividade e outro com síndrome de Down em início de alfabetização). Você pode pensar que isso deve ser terrível, mas o fato é que a professora dessa turma nos ensinou muita coisa ao conduzir as diferenças de forma fantástica.

Mesmo sendo uma escola de periferia, sem grandes condições, ela buscava ajuda dos demais profissionais da escola, chamava constantemente os pais e estabeleceu com eles uma relação de corresponsabilidade, respeitando a simplicidade deles. No caso de um desses alunos, havia até mesmo a resistência dos pais em aceitar as dificuldades do filho. Conhecemos a escola e soubemos dessa turma e das condições pelas quais a professora e a escola passavam somente em novembro daquele ano letivo, ou seja, ela e o contexto conseguiram reorganizar as adversidades de maneira independente, utilizando-se das ferramentas de que dispunham. Procuramos entender o que aconteceu para que as coisas transcorressem de forma tão eficiente, com progressos dos alunos (cada um conforme suas possibilidades) e sem uma professora estressada.

O que você acha que favoreceu o bom andamento nesse caso? Como, sem ajuda externa, o contexto se organizou? Como essa professora tomou as rédeas da situação?

As conclusões apontavam para uma boa organização de sua ação, com planejamento prévio e eficiente das atividades, tendo como destaque a autonomia e a iniciativa, principalmente no manejo da turma. Evidenciamos a não paralisação diante das dificuldades que se apresentaram, buscando-se, rapidamente, soluções alternativas. A professora desenvolveu a capacidade de reconhecer e verbalizar suas dificuldades, tanto emocionais quanto didáticas, aceitando a ajuda dos demais profissionais da escola. Aqui, abrimos um parêntese: essa professora só conseguiu o progresso de todos os alunos porque toda a escola colaborou. É muito difícil vencer sozinho. Ainda poderíamos mencionar o equilíbrio emocional da professora para lidar com os pais dos alunos especiais e com os demais. Outro fator de destaque foi a criação de um ambiente colaborativo e não competitivo entre os alunos, um ambiente de respeito às diferenças.

Stainback e Stainback (1999) ressaltam que as estratégias de manejo da sala de aula não devem ser negligenciadas durante o planejamento de estratégias práticas inclusivas, e sim ser priorizadas, estando relacionadas com os sentimentos de eficácia e sucesso. Os autores salientam a necessidade de se elaborar um plano de manejo da sala de aula da mesma forma que se faz o plano de aula. Quando o professor tem um limiar de frustração baixo, desestabiliza-se com facilidade com o comportamento inadequado do aluno ou com sua dificuldade de aprendizagem; nesse contexto, fica zangado, altera o tom de voz, reclama de tudo e usa a punição de forma descontrolada, desencadeando um estresse intenso.

O respeito à diversidade também deve estender-se aos professores. Seria injusto esperar que todos reajam da mesma forma. Isso não é filosofia inclusiva. Se o aluno pode precisar de um tempo maior para aprender, o professor também precisa. Voltamos a insistir que a formação técnica é importante, mas motivação, concentração e controle emocional são fundamentais. Há poucos professores que são mediadores naturais, que tiveram pouca capacitação formal e que, simplesmente, parecem saber o que fazer nas situações conflituosas. A maioria dos professores não nasce sabendo, porém, certamente, podem aprender a ter um bom manejo da classe e equilíbrio emocional.

Você já havia pensado que o manejo adequado da turma também é uma capacidade que precisa ser aprendida pelo professor?

A escolha da metodologia, dos conteúdos e dos objetivos a serem desenvolvidos precisa ser variada. A flexibilidade organizacional implica combinar diferentes recursos, diferentes agrupamentos dentro da aula em função do objetivo estabelecido para cada momento. Assim, faremos, a seguir, alguns apontamentos que podem servir de reflexão quando o professor fecha a porta e está diante dos alunos.

Começaremos pelo ponto que consideramos mais importante: a afetividade. Afetividade e carinho são a base da aprendizagem. Se o aluno não se sente querido, fazendo parte do "grupo de alunos" ou do grupo daquele professor, tende a resistir à aprendizagem. Por isso, o professor deve colocar limites e "fechar a cara" sempre que precisar, mas não deve economizar carinhos e sorrisos. Ele deve elogiar sempre todos os alunos, não somente os com necessidades educativas especiais; não deve elogiar só os que acertam as respostas, mas **todos os que se esforçam**.

Um segundo aspecto muito relevante é preparar os colegas de turma para receber o aluno com necessidades educativas especiais, destacando o respeito às diferenças e às inteligências múltiplas, por meio de atividades variadas. Para que isso seja possível, o professor precisa organizar-se com antecedência, planejar com detalhes as atividades, registrar o que deu certo e, depois, rever de que modo as coisas poderiam ter sido melhores. É importante olhar para o resultado alcançado e perceber o quanto "todos" os alunos estão se beneficiando das ações educativas.

Geralmente, quando o professor precisa fazer mudanças, tem problemas com a indisciplina, pois necessita mobilizar os demais alunos, os quais também vão ter de se adaptar a coisas diferentes. Por isso, ressaltamos, mais uma vez, que o professor deve ter o domínio da turma e um manejo eficiente, inclusive em situações conflituosas. Se ele já não dá conta da sala antes da chegada do aluno com necessidades educativas especiais, precisa se capacitar. Quando o professor é desorganizado, desmotivado, impaciente, os alunos refletem isso.

Para minimizar a insegurança diante do aluno com necessidades educativas especiais, deve-se pesquisar sobre suas particularidades, conhecer os recursos ou tecnologias assistivas que podem facilitar o trabalho. Determinados alunos com necessidades educativas especiais podem produzir melhor se estiverem sentados em um lugar específico em sala, próximo do professor ou de determinado colega. Portanto, quando o planejamento estiver sendo desenvolvido, é necessário pensar em cada um dos alunos. Só com o tempo o professor poderá conhecer melhor todos os alunos, de modo a promover ações mais eficientes, por isso é preciso ter paciência e persistência.

As atividades em grupo são muito positivas desde que o professor administre bem a "desorganização" saudável dessa proposta. Se o professor se irrita com bagunça, primeiro ele precisa aprender a lidar com isso para somente depois optar por esse tipo de atividade. Se escolher desenvolver um trabalho em grupo, não poderá manter uma organização em que as carteiras estejam em fila. Essa é uma estratégia muito eficiente, porém alguns professores criam muita resistência a ela. Mudar a posição das carteiras agita, desorganiza, mas motiva, desperta a atenção para um tema especial e quebra a rotina. Por isso, o professor deve pensar nessa possibilidade, principalmente se reconhecer a importância das atividades em grupo.

A organização das atividades dentro da sala de aula que tenha alunos com necessidades educativas especiais exige que se combinem os alunos de forma variada para atender a objetivos diferentes. É possível selecionar atividades para o grupo grande (todos os alunos) a fim de trabalhar a apresentação de um tema de interesse geral; a determinação de normas de convivência; a detecção de interesses do grupo de alunos; a comunicação de experiências; os debates; as dramatizações; os jogos; a expressão de atividades motoras; as explicações coletivas e as exemplificações. O trabalho coletivo é um bom instrumento para concentrar os alunos em torno de uma ideia, mas é preciso perceber que, em atividades assim, o aluno com necessidades educativas especiais rende pouco e pode sentir-se muito inseguro. Nesses casos, a ação do professor faz toda a diferença, por exemplo, ao escolher o lugar onde ele deve sentar-se e programar sua participação com alguma forma de colaboração para que se sinta potencializado.

Também é relevante organizar atividades em grupos pequenos, o que é especialmente útil quando são introduzidos novos conceitos, sobretudo os que representam dificuldade especial. O pequeno grupo favorece que o professor dê atenção mais individualizada às dificuldades; além disso, na seleção dos elementos do grupo, o professor pode escolher os colegas para assessorar os alunos com necessidades educativas especiais.

Trabalhar em grupo pode ser difícil para alguns alunos com necessidades educativas especiais, ou porque ficam marginalizados, ou porque se apoiam excessivamente no grupo, sem chegar a participar ativamente no desenvolvimento da tarefa. Para evitar essas situações, é preciso que o professor tenha papel ativo, intervindo nas ações e orientando os colegas.

É necessário igualmente organizar atividades individuais, promovendo a autonomia, mas elas devem ser programadas conforme as possibilidades do aluno. Elas são válidas para fixar conceitos e propiciar um acompanhamento mais pormenorizado do processo de cada aluno, de maneira que se possa comprovar o nível de compreensão alcançado e detectar os pontos nos quais existem dificuldades.

Flexibilizar é a palavra-chave. A distribuição do tempo não deve ser uma decisão rígida. É preciso considerar diversos fatores, como o tipo de metodologia, os momentos mais oportunos para realizar determinado tipo de tarefa, a reação e o envolvimento que os alunos têm diante de determinada proposta.

Outro ponto importante é a disponibilização de recursos humanos que possam facilitar a situação inclusiva, os quais variam bastante conforme a necessidade do aluno ou do professor. As escolas têm se organizado de maneiras diferentes de acordo com sua disponibilidade. De modo geral, dispõem de:

- um professor auxiliar em sala, que ajuda o professor e todos os alunos;
- um professor-tutor, que fica em sala para apoiar o aluno com necessidades educativas especiais;

- reforço pedagógico em contraturno ou em sala de recurso;
- especialistas de várias áreas com atendimentos individuais (fonoaudiólogo, fisioterapeuta, reeducador visual, psicólogo, psicopedagogo, entre outros) na escola ou fora dela.

Podemos ainda apontar várias outras sugestões, mas cada escola deve se organizar da maneira que melhor atenda às suas necessidades. De todo modo, cabe uma observação: todos os responsáveis pelas atividades paralelas devem estar conscientes das adaptações feitas pela escola e o professor deve saber o que está sendo feito pelos demais.

Fique atento!
Destacamos uma situação em particular: nos casos da opção por um professor-tutor, é fundamental ter cuidado para não se criar uma subclasse dentro da classe, na qual o professor-tutor se responsabilize sozinho por tudo em relação ao aluno com necessidades educativas especiais.
Isso seria inclusão ou exclusão?

Essa reflexão é importante, pois podem existir estratégias que vão ao encontro da ideia que apresentamos anteriormente: a inclusão pode ser uma faca de dois gumes. Uma estratégia organizada para facilitar a inclusão pode excluir. Uma possibilidade que vem sendo usada com frequência é a de professor-tutor, uma ideia que vem sendo utilizada na Europa (Projeto Roma*) com sucesso.

A realidade brasileira mostra que o professor regente ainda está entendendo o que é a inclusão. Uma situação de tutoria pode ser muito produtiva e eficiente, mas também pode levar o professor a se acomodar, deixando de sentir que esse aluno é "seu". Essa situação criaria a existência de um programa totalmente à parte, ficando excluído do todo. É importante fixar, claramente, em que momentos outros profissionais vão intervir e de que forma, especialmente quando é necessário que os alunos saiam da aula para receber o apoio.

Nos casos da opção por tutoria, tanto o professor (professor-tutor) quanto um aluno (aluno-tutor) da própria sala podem assumir a função de tutores. Nessa

---

* O Projeto Roma (ou Projeto Málaga) é um projeto desenvolvido na Universidade de Málaga, Espanha, em cooperação com o Serviço Neuropsicopedagógico do Hospital Bambino Gesù, de Roma, e a Universidade de Bolonha, na Itália. Seu objetivo foi comparar populações culturalmente distintas e as dificuldades no processo de ensino-aprendizagem, no caso específico da síndrome de Down. A ideia não é substituir o professor ou a família, mas oferecer uma mediação com educadores que assistem às aulas, observam o desempenho escolar do aluno, sem interferir no comportamento dele em classe, e, com base na observação, propõem reforços, novos materiais ou novas alternativas pedagógicas para professores, familiares ou terapeutas, de modo que as eventuais dificuldades dos alunos com síndrome de Down possam ser superadas. No Brasil, a ideia tem sido adaptada, para várias necessidades especiais, no âmbito do Projeto Educar (São Paulo) e do Projeto Roma (Campinas), entre outros (Raad, 2007).

modalidade de atendimento, deve-se cuidar para que o aluno com necessidades educativas especiais não fique muito dependente de uma assessoria constante e sem autonomia para realizar atividades de forma independente. Por isso, é preciso considerar bem todas essas variáveis antes de optar por um atendimento mediado por tutoria.

Existem ainda as tarefas diferenciadas. Se os pais e os professores entendem e aceitam a necessidade das tarefas diferenciadas, elas podem ser usadas de forma muito harmoniosa, não sendo um empecilho para o cotidiano da sala, devendo-se lembrar que isso precisa ser trabalhado com os colegas de turma para que entendam essa necessidade. Caso o professor fique incomodado com atividades paralelas, se os pais não aceitaram as dificuldades e o tempo que seu filho vai levar para aprender, poderão surgir adversidades importantes nesse contexto.

Em alguns casos, percebemos que o próprio aluno rejeita atividades diferenciadas. Nessas situações, é essencial identificar se isso é uma necessidade dele em se identificar com a turma ou se está sendo porta-voz do desejo dos pais ou dos professores. Quando é o próprio aluno que está com dificuldades em aceitar as tarefas diferenciadas, é preciso trabalhar o sentimento de pertencimento em outras atividades da rotina de sala para que não sinta que fazer atividades diferentes significa exclusão do grupo. É essencial mudar a concepção de que todos os alunos devem fazer sempre a mesma atividade, porque, dessa forma, é muito difícil atender à diversidade.

As tarefas de casa também podem ser outro ponto frágil. Muitas vezes, os professores reúnem tudo o que não conseguiram fazer com o aluno em sala e mandam para casa. Esse é um erro gravíssimo. Os pais não são professores de seu filho. Apenas devem ser encaminhadas para casa tarefas que o aluno já realizou com autonomia em sala de aula. Justificamos essa colocação considerando que os pais estão muito mais sensibilizados pelas dificuldades da criança do que o professor. Se os pais tentarem realizar uma tarefa muito difícil, vão se frustrar ainda mais, desacreditando no potencial do filho e, mesmo que inconscientemente, transmitindo uma mensagem negativa, o que pode abalar a autoestima da criança.

Nessa situação, o professor também fica desacreditado, pois os pais podem concluir que o docente não vai conseguir ensinar nada. As tarefas de casa devem ser dosadas de forma que a criança se sinta capaz de fazer, consiga mostrar para os pais o quanto os professores estão sendo competentes em sua tarefa de ensinar "todos os alunos".

Os pontos abordados aqui servem como estímulo para organizar melhor o cotidiano do professor, que, com motivação e bom senso, pode aplicar aquilo que lhe for útil.

4.2
Recursos de tecnologia **assistiva**

Uma parcela da população com deficiência não necessita que sejam feitas grandes alterações no contexto, mas é preciso considerar a diversidade dos casos. Eliminar barreiras arquitetônicas, procurar fazer as adaptações necessárias ao espaço físico da escola, incluindo banheiros, pátios, rampas e carteiras especiais, e selecionar materiais pedagógicos adaptados, entre outros aspectos, são ações fundamentais.

Em geral, é possível dispor de um número muito variado de materiais de apoio para atender às características de cada indivíduo, desde os mais simples, como fita crepe para prender a folha de papel quando a criança não tem controle de seus movimentos, lupas, lápis maior, folhas com linhas com espaçamento mais largo, usadas quando a letra não acompanha o espaço-padrão, até recursos muito sofisticados. Todos são investimentos válidos quando se acredita na necessidade de promover a autonomia do aluno, evitando-se ao máximo que ele dependa de outros no contexto escolar.

Aqui, cabe destacar a **tecnologia assistiva**, ramo da ciência dedicado à pesquisa, ao desenvolvimento e à aplicação de aparelhos/instrumentos ou procedimentos que aumentam ou restauram a função humana.

Segundo Mello (2006), a tecnologia assistiva refere-se a todo o arsenal técnico utilizado para compensar ou substituir funções quando as técnicas reabilitadoras não são suficientes para resgatar a função em sua totalidade, além de desenvolver recursos ou procedimentos para ampliar ou recuperar a função humana. A proposta é a promoção da funcionalidade por meio da busca de uma modalidade de recurso que parte da deficiência em vez das dificuldades funcionais advindas desta.

As modalidades de tecnologia assistiva estão em pleno desenvolvimento e agrupam-se em categorias como: acessibilidade física, acessibilidade ao computador, acessibilidade à internet, apoios educativos e comunicação.

Cada uma dessas categorias oferece recursos distintos que podem ser usados pela escola para facilitar a aprendizagem dos alunos, independentemente da deficiência. Listamos a seguir alguns desses recursos:

- recursos de comunicação suplementar e alternativa;
- recursos de acessibilidade ao computador;
- recursos de mobilidade;
- recursos para adequação postural;
- recursos para acessibilidade;
- recursos para adaptação de veículos;
- órteses e próteses.

De acordo com Mello (2006), essa tecnologia resulta da aplicação de avanços tecnológicos em outras áreas consolidadas, ou seja, é de domínio de engenheiros de reabilitação, de computação, biomédicos e elétricos; médicos; arquitetos; desenhistas industriais; terapeutas ocupacionais, fisioterapeutas; e fonoaudiólogos, que trabalham juntos para restaurar a função humana por meio de dispositivos assistivos.

O trabalho desses profissionais viabiliza mais qualidade de vida a pessoas com deficiências (física, sensorial e intelectual), criando mais possibilidades de serem incluídas na escola e na sociedade. Por meio da tecnologia assistiva, indivíduos com deficiência ganham autonomia e possibilidade da realizar as tarefas do cotidiano, desde as básicas, de autocuidado, até atividades profissionais.

Conforme Bastos et al. (2006), uma das preocupações dos pesquisadores e dos profissionais da área é que a tecnologia assistiva para crianças não seja uma miniatura de equipamentos elaborados para adultos, mas vise às necessidades fisiológicas e pedagógicas específicas dessas crianças.

Ao acolher a visão construtivista, a tecnologia assistiva reconhece a necessidade da brincadeira, principalmente para as crianças com deficiência, como promotora de aprendizagem e interação social. Muitos recursos e equipamentos funcionais são projetados, sobretudo, para estimular o jogo e a interação com os colegas, promovendo o lúdico para a criança com necessidades educativas especiais.

O professor dispõe de um arsenal de material de apoio, mas, indiscutivelmente, o computador é muito mais do que uma ferramenta, é a oportunidade de comunicação, de autonomia e pode ser, para o docente, um grande aliado, para melhorar a aprendizagem de todos os alunos, não somente daqueles com necessidades educativas especiais.

Você já pensou como o computador pode auxiliar a prática pedagógica nas situações de inclusão escolar?

O professor precisa conhecer as tecnologias de informação disponíveis no mercado, pois são importantes alternativas para um grande número de alunos com paralisias, amputações, dificuldade de controle dos movimentos, cegueira e surdez, além daqueles com dificuldades de aprendizagem, como no caso da deficiência intelectual. O computador tornou-se um "auxiliar eletrônico" do professor, uma máquina que o professor pode programar para ensinar, uma vez que há uma variedade significativa de *softwares* educacionais, que são muito interessantes.

Entretanto, embora saibamos que algumas escolas já dispõem desse recurso em sala, temos de lutar para que isso seja uma constante em todas as escolas brasileiras.

Softwares são programas de computador. Existem dois tipos básicos: os de sistemas e os aplicativos. Os de sistemas permitem que o computador realize operações básicas. Já os aplicativos são programas variados, como os de editoração de texto. Os *softwares* educativos são aplicativos que contribuem para o desenvolvimento cognitivo do aluno, facilitando a apresentação dos conteúdos e tornando a ação pedagógica dinâmica e interessante.

O computador é, inegavelmente, uma ferramenta útil em todas as etapas da vida de um indivíduo. Para pessoas com deficiências motoras, sensoriais ou cognitivas, o computador pode contribuir significativamente para sua autonomia e acesso a informações.

Na próxima seção, destacaremos alguns modelos de tecnologia assistiva, cabendo salientar aqui que existem vários outros.

4.2.1 Tecnologia assistiva na dificuldade física

As dificuldades físicas se apresentam em uma diversidade muito grande, incluindo a ausência ou a disfuncionalidade de um ou mais membros, o que pode comprometer, em termos de mobilidade, a coordenação motora geral ou a fala. As disfuncionalidades físicas têm origens diferentes, como lesões neurológicas, neuromusculares e ortopédicas, malformações congênitas ou adquiridas. São caracterizadas por sequelas funcionais (afetam o funcionamento do membro: espasticidade, atetose, ataxia) e topográficas (referem-se à parte do corpo que é afetada: paraplegia, tetraplegia, monoplegia, diplegia, triplegia e hemiplegia). Dessa forma, os materiais de apoio devem ser escolhidos conforme a particularidade de cada caso. Vejamos, a seguir, alguns desses materiais.

Mouse ocular

É um sistema composto por um *hardware* e um *software* que, juntos, possibilitam que pessoas com necessidades especiais que apresentem imobilidade dos membros superiores tenham possibilidade de comunicação mediante o uso do computador por meio de movimentos e piscadas de olhos. O sistema foi projetado para ser compatível com o mouse padrão do computador, com os deslocamentos dos olhos correspondendo aos deslocamentos do cursor na tela e as piscadas de olhos correspondendo aos cliques do botão esquerdo do mouse-padrão.

Segundo Caetano e Costa (2006), o mouse ocular tem possibilitado a melhora na comunicação a diversas pessoas, o ingresso no mercado de trabalho, o retorno aos estudos, a reintegração na sociedade, entre diversas outras contribuições. Esse simples instrumento permite a reinserção social de uma pessoa fisicamente limitada, sem motivação e com baixa autoestima, dando a ela nova perspectiva de qualidade de vida ao ultrapassar os limites físicos de seu corpo na utilização e no desenvolvimento de sua capacidade intelectual.

Teclados alternativos

Existe uma variedade de modelos de teclados para facilitar a digitação de uma tecla de cada vez. Nos modelos disponíveis no mercado, podemos encontrar teclas alargadas, com espaçamento maior entre uma tecla e outra e, ainda, protetores de acrílico com espaços vazados para que o dedo ou um instrumento possa passar acionando uma tecla apenas.

Figura 4.1
Teclado alternativo

Iná Trigo

Ponteiras de cabeça

São dispositivos compostos por uma estrutura de tecido ou couro ajustada à cabeça, com uma ponteira com a função de auxiliar a digitação e o uso do teclado de forma eficiente.

Figura 4.2
Ponteira de cabeça

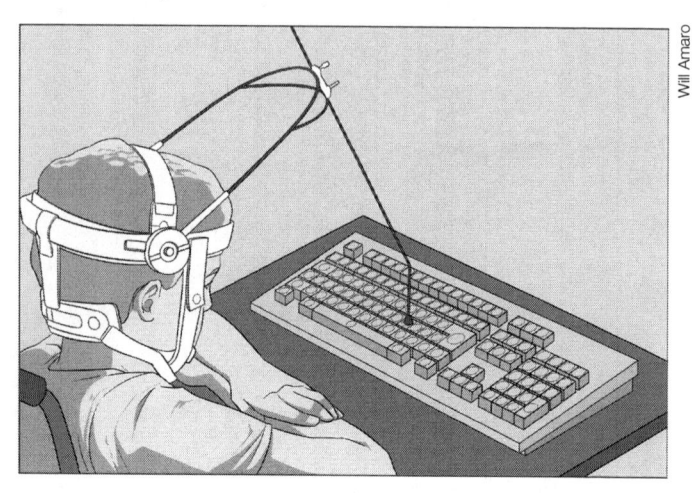

Will Amaro

Sistemas para entrada de voz

São *softwares* que identificam a voz humana e promovem a interação entre o computador e a pessoa com déficits motores. Podem ser utilizados por pessoas com comprometimento severo dos membros superiores, mas precisa ser feita uma configuração adequada da mídia.

4.2.2 Tecnologia assistiva na dificuldade visual

As dificuldades visuais são alterações sensoriais que comprometem os canais que fornecem informação visual. Podem incluir alterações de visão, visão subnormal e até cegueira total. Para minimizarem as consequências sobre o aprendizado, alguns sistemas de ensino utilizam tecnologias variadas que oferecem vias alternativas de obtenção da informação.

Vejamos alguns exemplos:

- Ampliador de tela: é um *software* que amplia as representações gráficas que aparecem na tela do computador, melhorando a compreensão de pessoas com baixa visão.
- Linha braile: é um instrumento de leitura para pessoas com baixa visão ou totalmente cegas que dominem o sistema braile. São fileiras de células braile eletrônicas, as quais traduzem o conteúdo de um texto para o sistema braile.

Figura 4.3
Linha braile

- Impressora braile: é uma impressora que identifica os caracteres utilizados em um texto e imprime em braile no papel.

Figura 4.4
Impressora braile

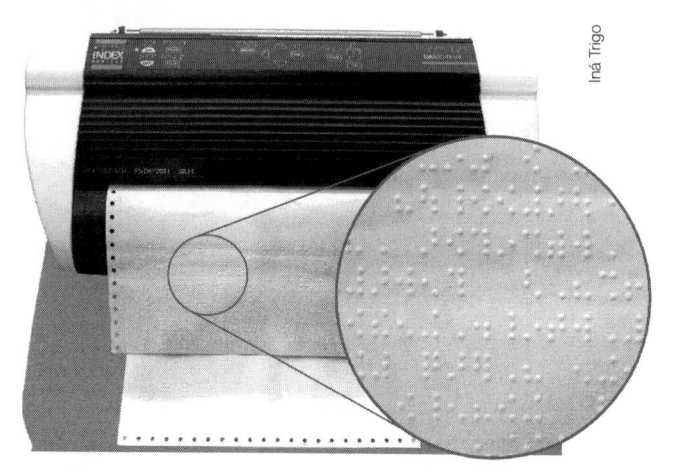

Iná Trigo

- Navegador com voz: permite o uso do computador e a navegação na internet por meio de comando de voz. Há modelos que reconhecem a voz e apresentam conteúdos de som.
- ePub3: considerado o formato mais inovador no mundo dos livros digitais, ele foi adotado, recentemente, pelo Ministério da Educação como um dos formatos de livros do Programa Nacional do Livro Didático (PNLD). Sua configuração contempla opções de *layout* e navegação que o tornam muito mais intuitivo e acessível.

- *Optical Character Recognition* (OCR): é uma ferramenta de reconhecimento óptico de caracteres que converte textos em papel em textos digitais (como um *scanner*) e depois em voz.
- Lupa eletrônica: instrumento de aumento que pode ser usado até mesmo em um *smartphone*, como o Be My Eyes, aplicativo gratuito que auxilia deficientes visuais.

4.2.3 Tecnologia assistiva na dificuldade auditiva

As dificuldades auditivas também incluem um grupo bastante heterogêneo de alterações. Para a organização de atividades pedagógicas e a escolha de materiais de apoio, é preciso considerar o nível de perda auditiva, a idade do início da surdez ou rebaixamento auditivo, além da etiologia, para, assim, considerar o que pode ser mais adequado para a melhora da capacidade comunicativa. A seguir, listamos alguns desses materiais (Acessibilidade Legal, 2008; Peck, 2005; Almeida; Iorio, 2003; Braga, 2003):

Aparelhos auditivos

Existe uma variedade de modelos de aparelhos auditivos; mesmo assim, algumas pessoas com surdez total não podem fazer uso dessa tecnologia. Dependendo do grau de perda de audição, as características de aparência e funcionamento dos aparelhos auditivos se diferenciam. Os aparelhos usados atrás da orelha, chamados de *retroauriculares* ou *pós-auriculares*, ajudam a captar melhor o som.

Figura 4.5
Aparelho auditivo

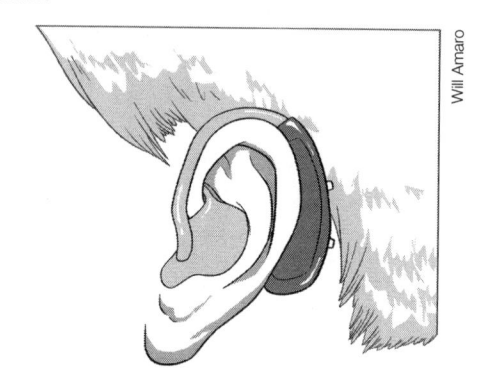

Aparelhos de amplificação sonora individual

São aparelhos semelhantes a um rádio, usados no corpo (aparelho de caixa), e que têm a mesma capacidade de amplificar os sons. Hoje, com o avanço da tecnologia, as baterias são leves e existem suportes, como uma bolsa, que facilitam seu carregamento.

Legendas de áudio

Algumas pessoas surdas têm como primeira língua a Língua Brasileira de Sinais (Libras). Para fazerem uso da internet e do computador como forma de comunicação, podem precisar acionar legendas ou imagens complementares para interpretar o áudio.

Implante coclear

O implante coclear, também chamado de *ouvido biônico*, é um dispositivo eletrônico que visa facilitar o reconhecimento da informação sonora. Essa modalidade consiste na estimulação elétrica direta das fibras do nervo auditivo por eletrodos em pacientes cujo ouvido interno está danificado. São dois componentes: um interno, composto por um grupo de eletrodos e um aparelho receptor, que são implantados; e um externo, composto por um microfone, um processador de fala, um codificador e um transmissor. A comunicação entre os componentes externo e interno ocorre através de ondas de rádio FM. O funcionamento do implante coclear em muito se assemelha ao de um aparelho auditivo.

Dificuldade acentuada de aprendizagem com limitações do desenvolvimento

Pessoas com déficits de atenção ou com deficiência intelectual, ou qualquer outra alteração cognitiva, podem ter dificuldades específicas para compreender mensagens, manter a atenção numa tarefa no computador ou ainda compreender informações mais complexas. Nesses casos, existem *softwares* específicos que podem fazer uso de um leitor de tela ou modificar o tempo em que a informação é apresentada (Peck, 2005).

4.3
Adaptações do ambiente

Apresentaremos, a seguir, algumas sugestões de organização do ambiente escolar para facilitar a inclusão nas diferentes necessidades especiais. A intenção principal é preparar o professor para se familiarizar com o assunto, contudo é essencial buscar recursos que favoreçam a aprendizagem e a autonomia do aluno conforme as demandas de cada situação. Destacamos que sempre se deve perguntar ao próprio aluno qual seria a forma mais adequada de lhe oferecer ajuda, pois ele detém o conhecimento sobre suas necessidades, que podem ser maiores ou diferentes do que supomos.

Na dificuldade motora

Construir rampas é uma das primeiras ações para eliminar as barreiras arquitetônicas. Além disso, instalar corrimãos em rampas, nas laterais de escadas e nos corredores, modificar banheiros alargando as portas e colocando barras de apoio, rebaixar pias, bebedouros, telefones e o quadro de giz, se for necessário, são maneiras de ampliar a segurança para a mobilidade e a autonomia da pessoa com deficiência física, de qualquer ordem.

Alguns alunos com deficiência motora (problemas neurológicos/paralisia cerebral), cognitiva e/ou auditiva podem apresentar alterações importantes na comunicação, com graus variados de comprometimento, com ausência de linguagem. Nesses casos, é preciso criar condições para que o aluno se comunique por meio de figuras e/ou outros recursos, chamados de *comunicação alternativa*.

Se o aluno não tiver controle do tronco e for se sentar em uma cadeira comum, deverá usar, na altura do peito, uma faixa de segurança enquanto estiver sentado. O uso de cadeiras com braços deixa-o mais seguro, devendo-se lembrar sempre de colocar um apoio para os pés.

Para transferência do aluno da cadeira de rodas para a cadeira comum, ou para o chão, ou para outra cadeira, são necessárias duas pessoas. Primeiro, o freio de segurança das rodas deve ser travado; em seguida, todos os cintos de segurança devem ser soltos; uma pessoa deve ficar atrás da cadeira de rodas, segurando debaixo dos braços da criança/adulto, cadeirante, e a outra pessoa deve ficar na frente, segurando abaixo dos joelhos do aluno.

A pessoa que segura o aluno pelos braços deve aproximá-lo de seu corpo, apoiando sua cabeça; depois, levantando-o lentamente, pode colocá-lo no lugar escolhido. Para retornar à cadeira de rodas, uma pessoa deve se agachar atrás do aluno e colocar as mãos por baixo de seus braços apoiando a cabeça; outra pessoa deve agachar-se entre as pernas da criança/adulto, segurando-o por baixo dos joelhos; num movimento conjunto, as duas pessoas levantam o aluno, colocando-o no lugar destinado.

Nos casos em que o aluno não possa ser transferido para a carteira escolar, é necessário adaptar uma mesa à cadeira de rodas.

Atualmente, há uma série de acessórios disponíveis no mercado que ajudam na transferência da pessoa com deficiência física de uma cadeira para outra ou de uma cadeira para a cama, como as cintas de transferência, mas há também discos e tábuas de apoio.

Na dificuldade visual

Uma das primeiras atitudes que devem ser observadas é não falar alto com o aluno cego. Ele é cego, não é surdo. Se, às vezes, ele demora para executar a orientação dada, o motivo pode estar relacionado a outros fatores, como dificuldades de orientação espacial, lateralidade ou imagem corporal, consequências de seu déficit. Por isso, deve-se falar, esperar e perguntar a ele se entendeu.

Os alunos com visão subnormal ou com resquícios de visão podem perceber a claridade, e essa percepção facilita sua localização e sua locomoção. É necessário verificar se cores fortes e iluminação diferenciada podem ser úteis na localização de degraus ou na mudança de ambientes.

Os alunos cegos têm mais necessidade de contextualização, por isso é importante utilizar exemplos práticos sempre que possível. Devem-se usar materiais texturizados e explorar livros sensoriais com relevo e com sons. As pessoas cegas aprendem a ler e a escrever por meio do sistema braile* (sistema universal de leitura e escrita tátil, inventado na França, em 1825). Com esse sistema, a leitura e a escrita são rápidas e eficientes.

Outra recomendação importante consiste em falar de frente para a pessoa com deficiência auditiva, o que torna o som mais audível e ajuda na localização. Além disso, devemos avisar a uma pessoa cega quando vamos sair do ambiente para que ela não fique falando sozinha, assim como, ao indicarmos uma cadeira para a pessoa cega sentar-se, devemos colocar a mão dela no encosto para ajudá-la a localizar-se.

---

* O nome que o sistema universal de leitura e escrita tátil recebe é derivado do sobrenome de seu criador, Louis Braille. O termo já foi aportuguesado e deve ser grafado com letra minúscula. As formas braile e braille são igualmente aceitas, mas a mais comum é *braile*.

Na dificuldade auditiva

Ao falarmos com o surdo, devemos fazer isso de forma clara e sem exagero (não precisa gritar), sempre de frente. Ele precisa ver a boca e a expressão do rosto enquanto falamos para que possa nos entender. Quando estiver conversando com o aluno surdo, é fundamental que o professor mantenha contato visual, pois, se desviar o olhar ou virar um pouco, o aluno vai pensar que a conversa terminou. Para chamar o aluno surdo, basta sinalizar com a mão ou tocar seu ombro; no caso de ele já estar olhando na direção do interlocutor, este deve lhe falar diretamente.

Na comunicação com o aluno surdo, os movimentos do corpo são importantes, visto que as expressões mostram as mudanças de temperamento e de comportamento. Por isso, o surdo manterá a atenção às expressões faciais, aos gestos e aos movimentos do corpo de seu interlocutor. Quando o aluno surdo falar com o professor, ele deve prestar atenção e, se não entender, deve pedir que o aluno repita; se ainda assim não entender, deve pensar em uma alternativa, como escrever ou desenhar. O professor deve pedir ajuda aos colegas se necessário, mas nunca desistir.

Se houver um intérprete ajudando na comunicação, o professor não deve olhar para ele, mas para o aluno surdo, pois é com este último que quer estabelecer a comunicação.

Nas dificuldades acentuadas de aprendizagem com limitações do desenvolvimento

Os alunos com atraso cognitivo, em geral, são afetuosos e sensíveis. Falar calmamente e repetir sempre que se perceber que eles não entenderam é essencial. É comum eles sentirem dificuldades em relação a ordens complexas (por exemplo, ordens associadas: "peguem o livro, abram na página 15 e façam o exercício 12"), no entanto isso não significa que não possam fazer o que está sendo solicitado, apenas que a ordem deve ser explicada em partes.

Quando um aluno manifesta comportamento agressivo, em geral, ele está devolvendo ao meio o que recebe, isto é, sente-se agredido e, por isso, agride. Nesses casos, convém buscar orientação de um psicólogo para entender o que o aluno está tentando dizer por meio do comportamento agressivo. Ressaltamos que aumentar a punição ou endurecer no trato com o aluno não vai aliviar a situação.

Se a criança não terminar ou não fizer uma atividade, não se deve pensar que é preguiça. Geralmente, crianças não têm preguiça, têm dificuldade e, por isso, desistem se não houver estímulo constante para que se esforcem.

É importante evitar superproteger a criança, uma vez que se espera que uma pessoa com deficiência intelectual adulta seja autônoma. Dessa forma, ela deve ser incentivada desde pequena, e a melhor atitude para estimular a autonomia é ajudar somente quando realmente for necessário.

Nas dificuldades acentuadas de aprendizagem com limitações do desenvolvimento e transtornos de comportamento

O professor deve buscar informações e pesquisar sobre as características do transtorno de comportamento que o aluno apresenta. Há casos de deficiências múltiplas, como autismo e deficiência intelectual, hiperatividade e deficiência intelectual, entre outros, que podem exigir mais atenção do contexto. Somente o conhecimento detalhado oferecerá mais segurança ao docente.

Quando o aluno apresenta um problema de comportamento, os recursos que o professor precisa utilizar são muito mais emocionais do que materiais. Um dos principais é organizar a sala e todo o ambiente escolar de forma a oferecer segurança para todas as crianças. Quanto mais organizado estiver o ambiente, melhor será para o aluno, com rotinas diárias para que todos possam ficar mais calmos e saibam o que vai acontecer. O excesso de estímulos visuais e auditivos pode causar agitação.

A sensibilidade deve ser uma característica essencial do educador que estiver diante de alunos com problemas de comportamento. A forma como o professor olha para a criança ou se direciona a ela é fundamental. Se for transmitida uma sensação de angústia, reprovação ou agressividade, mesmo que inconscientemente, essa também será a resposta do aluno por meio de seu comportamento, porém de maneira exacerbada. O aluno pode desencadear surtos ou crises de agressividade como forma de devolver ao meio o que está recebendo. O modo como o professor conduz as atividades pode ser beneficiado se seu tom de voz for adequado e motivador. É preciso ser envolvente e firme, modificando-se a entonação de forma criativa, tanto para motivar o aluno como para prender sua atenção.

Nos casos em que o aluno apresentar comportamentos inadequados, como estereotipais, masturbação e fugas da sala, o professor deve refletir sobre o que pode estar gerando essa inadequação. O primeiro passo é observar detalhadamente o aluno para identificar o que pode ter favorecido esse comportamento. Deve-se manter a calma, porque de nada adianta gritar ou reprimir brigando ou dizendo "não". É importante nunca ficar desesperado diante de situações como essa. Caso o professor não saiba o que fazer, deve apenas observar e tentar entender o que está sendo dito com essa atitude. No caso de o aluno agredir-se ou agredir outra pessoa, ele deve ser colocado em um ambiente tranquilo, de preferência mais isolado (não sozinho, sempre com alguém observando), até que se acalme.

Muitos alunos com problemas como agressividade e rebeldia comportam-se desse modo na sala de aula porque o professor é o único que vai lhe dar atenção. Portanto, é preciso ter paciência e serenidade sempre, respeitando-se o tempo do aluno, porque é tão difícil para ele quanto para o docente.

A pessoa autista é atenta à rotina e a padrões repetitivos, por isso qualquer mudança provocará resistência por parte do aluno com autismo, inclusive por meio de atitudes agressivas e manipulativas. Essa é uma das características que devem ser percebidas a fim de que o encaminhamento dado pelo professor não dificulte o processo de desenvolvimento geral dessa criança. O professor precisa estar consciente de que fazer tudo o que a criança solicita pode dificultar sua adaptação ao meio. Entretanto, ir radicalmente alterando as situações e os ambientes também pode trazer sérios prejuízos. É necessário encontrar um meio termo e perceber quando seria viável proporcionar algumas alterações.

Já nos alunos com transtorno do déficit de atenção com hiperatividade (TDAH), há a predominância de impulsividade e falta de atenção. Atividades agitadas como jogos competitivos ou tumultos provocam mais alteração de seu comportamento, por isso, sempre que o aluno for participar de atividades desse tipo, como festas ou aula de educação física, o professor deve estar preparado emocionalmente para aceitar a agitação que o aluno não pode controlar por si só.

O professor deve registrar a frequência dos sintomas (comportamentos inadequados), para que, caso haja uma mudança brusca de comportamento, os pais e os médicos tomem conhecimento. Por isso, como já ressaltamos, o contato com os pais deve ser frequente, visto que precisam saber o que está sendo feito na escola e como ajudar nas tarefas de casa.

Nas altas habilidades/superdotação

É muito importante que o professor investigue quais são os interesses dos alunos com altas habilidades ou superdotação. Convém aplicar atividades que não pareçam repetitivas, dando-se ao aluno a oportunidade de escolha.

O professor também deve buscar sempre fornecer informações contextualizadas, interessantes e atualizadas, para evitar contestações e desmotivação. O trabalho com projetos individuais em que o aluno com altas habilidades possa responder às próprias perguntas e, de alguma forma, repassar seus novos aprendizados aos demais é uma excelente estratégia. Todavia, é preciso também favorecer trabalhos em grupo para aproveitar o potencial da melhor maneira.

Deve-se evitar falar sempre que esse aluno tem um potencial muito grande. Reconhecer seu esforço, valorizar suas ideias, mas sem colocá-lo numa posição muito diferenciada, é um bom caminho. O aluno com altas habilidades ou superdotação deve ser estimulado a avaliar o próprio desenvolvimento, o professor deve procurar entender a importância das inteligências múltiplas.

CONSIDERAÇÕES FINAIS

Nesta obra, buscamos oferecer uma reflexão, com base em contribuições de diferentes autores, sobre o currículo na escola inclusiva, embasando-nos em bibliografias atuais. O conjunto de informações apresentadas aqui evidenciou aspectos teóricos necessários para aprimorar a visão crítica do professor, sem deixar de relacioná-los com a ação, com a prática cotidiana com o aluno.

Ao longo dos capítulos, mostramos que o currículo não é somente o instrumento de planejamento pedagógico das aulas. Ele é muito mais do que isso. Entender o desafio do currículo na escola inclusiva requer a adoção de novos paradigmas em relação à concepção de deficiência e, por consequência, de inclusão.

Para que o currículo na educação inclusiva seja eficiente, ele deve estar em consonância com os avanços das políticas de educação inclusiva e manter seu compromisso com a diversidade. Essa tarefa exige considerar múltiplos fatores, como as concepções do professor, as características do aluno e as relações afetivas que compõem essa relação.

A profissão docente requer, como qualquer outra, formação continuada, atualização constante. Os subsídios teóricos permitem embasar a operacionalização de práticas capazes de flexibilizar, adaptar objetivos, métodos, conteúdos e meios de avaliação. A prática sozinha anda em círculos. Só o conhecimento nos proporciona novas formas de ver. Desde a primeira edição deste livro, muitas estratégias para efetivar a inclusão da melhor forma trouxeram inovações e diferentes possibilidades de responder às exigências de um currículo inclusivo.

Algumas ideias de organização da prática educativa em contextos inclusivos foram apresentadas apenas como sugestões, sem a intenção de definir o que pode ou não ser considerado certo, a fim de promover o reconhecimento das alternativas e das potencialidades de que precisamos dispor no processo inclusivo.

Certamente, você, leitor, percebeu que demos destaque especial para as relações afetivas no contexto escolar e sua influência no processo de ensino-aprendizagem. Evidenciamos a importância de respeitarmos a subjetividade e a história de vida do professor, visto que, como profissional, ele se depara, constantemente, com a necessidade de avaliar suas concepções, rever seus paradigmas, para ocupar papel fundamental como articulador do processo inclusivo.

Esperamos que os apontamentos registrados aqui possam embasar novas estratégias de ação, pois cada dia é uma nova oportunidade para aprendermos com a diversidade humana.

REFERÊNCIAS

ACESSIBILIDADE LEGAL. **Acesso à web e tecnologias assistivas**. 4 abr. 2008. Disponível em: <http://www.acessibilidadelegal.com/33-acesso.php>. Acesso em: 6 dez. 2020.

ADIRON, F. Receita de inclusão? **Diversa**, 21 out. 2016. Disponível em: <https://diversa.org.br/artigos/receita-de-inclusao/>. Acesso em: 24 set. 2020.

ALMEIDA, K.; IORIO, M. C. M. **Próteses auditivas**: fundamentos e aplicações clínicas. 2. ed. rev. e ampl. São Paulo: Lovise, 2003.

ALONSO, D. Desafios na sala de aula: dimensões possíveis para um planejamento flexível. **Diversa**, 7 dez. 2011. Disponível em: <https://diversa.org.br/artigos/desafios-na-sala-de-aula-dimensoes-possiveis-para-um-planejamento-flexivel/>. Acesso em: 24 set. 2020.

AMARAL, L. A. Sobre crocodilos e avestruzes: falando de diferenças físicas, preconceitos e sua superação. In: AQUINO, J. G. (Org.). **Diferenças e preconceito na escola**: alternativas teóricas e práticas. 2. ed. São Paulo: Summus, 1998. p. 77-91.

ANDERSON, P. **Learning and Inclusion**: the Cleves School Experience. London: David Fulton, 1999.

ANTUN, R. P. Flexibilizações vs. adaptações curriculares: como incluir alunos com deficiência intelectual. **Diversa**, 7 abr. 2017. Disponível em: <https://diversa.org.br/artigos/flexibilizacoes-adaptacoes-curriculares-como-incluir-alunos-deficiencia-intelectual/>. Acesso em: 24 set. 2020.

BASTOS, T. F. F. et al. Desenvolvimento de protótipos de tecnologia assistiva para pessoas com deficiência. In: FÓRUM DE TECNOLOGIA ASSISTIVA E INCLUSÃO SOCIAL DA PESSOA DEFICIENTE, 1., 2006, Belém. **Anais**... Belém: Uepa, 2006.

BAUTISTA, R. (Org.). **Necessidades educativas especiais**. Lisboa: Dinalivro, 1997.

BECKER, F. **A epistemologia do professor**: o cotidiano da escola. Petrópolis: Vozes, 2001.

BRAGA, S. R. S. **Próteses auditivas**. São José dos Campos: Pulso, 2003.

BRANCO CALHAU, R. (Coord.). **Alunos com necessidades educativas especiais e adaptações curriculares**. Madrid: CNREE/MEC, 1996.

BRASIL. Decreto n. 3.298, de 20 de dezembro de 1999. **Diário Oficial da União**, Poder Executivo, Brasília, DF, 21 dez. 1999. Disponível em: <http://www.planalto.gov.br/ccivil _03/decreto/d3298.htm>. Acesso em: 29 set. 2020.

BRASIL. Decreto n. 6.949, de 25 de agosto de 2009. **Diário Oficial da União**, Poder Executivo, Brasília, DF, 26 ago. 2009. Disponível em: <http://www.planalto.gov.br/ccivil_ 03/_ato2007-2010/2009/decreto/d6949.htm>. Acesso em: 5 dez. 2020.

BRASIL. Decreto n. 7.612, de 17 de novembro de 2011. **Diário Oficial da União**, Poder Executivo, Brasília, DF, 18 nov. 2011. Disponível em: <http://www.planalto.gov.br/ccivil _03/leis/l7853.htm>. Acesso em: 28 set. 2020.

BRASIL. Decreto n. 8.368, de 2 de dezembro de 2014. **Diário Oficial da União**, Poder Executivo, Brasília, DF, 3 dez. 2014. Disponível em: <http://www.planalto.gov.br/ ccivil_03/_Ato2011-2014/2014/Decreto/D8368.htm>. Acesso em: 5 dez. 2020.

BRASIL. Decreto n. 10.502, de 30 de setembro de 2020. **Diário Oficial da União**, Poder Executivo, Brasília, DF, 1º out. 2020a. Disponível em: <https://www.in.gov.br/en/web/dou/-/decreto-n-10.502-de-30-de-setembro-de-2020-280529948>. Acesso em: 6 dez. 2020.

BRASIL. Decreto Legislativo n. 186, de 9 de julho de 2008. **Diário Oficial da União**, Poder Legislativo, Brasília, DF, 10 jul. 2008. Disponível em: <http://portal.mec.gov.br/dmdocuments/decreto 186.pdf>. Acesso em: 7 fev. 2020.

BRASIL. Lei n. 7.853, de 24 de outubro de 1989. **Diário Oficial da União**, Poder Executivo, Brasília, DF, 25 out. 1989. Disponível em: <http://www.planalto.gov.br/ccivil_03/leis/l7853.htm>. Acesso em: 29 set. 2020.

BRASIL. Lei n. 9.394, de 20 de dezembro de 1996. **Diário Oficial da União**, Poder Legislativo, Brasília, DF, 23 dez. 1996. Disponível em: <http://www.planalto.gov.br/ccivil_03/leis/l9394.htm>. Acesso em: 29 set. 2020.

BRASIL. Lei n. 10.172, de 9 de janeiro de 2001. **Diário Oficial da União**, Poder Legislativo, Brasília, DF, 10 jan. 2001a. Disponível em: <http://www.planalto.gov.br/ccivil _03/leis/leis_2001/l10172.htm>. Acesso em: 29 set. 2020.

BRASIL. Lei n. 12.764, de 27 de dezembro de 2012. **Diário Oficial da União**, Poder Legislativo, Brasília, DF, 28 dez. 2012. Disponível em: <http://www.planalto.gov.br/ccivil _03/_ato2011-2014/2012/lei/l12764.htm>. Acesso em: 28 set. 2020.

BRASIL. Lei n. 13.146, de 6 de julho de 2015. **Diário Oficial da União**, Poder Legislativo, Brasília, DF, 7 jul. 2015. Disponível em: <http://www.planalto.gov.br/ccivil_03/_ato2015-2018/2015/lei/l13146.htm>. Acesso em: 7 fev. 2020.

BRASIL. Ministério da Educação. **Base Nacional Comum Curricular**, Brasília, 2018. Disponível em: <http://basenacionalcomum.mec.gov.br/images/BNCC_EI_EF_110518_versaofinal_site.pdf>. Acesso em: 7 dez. 2020.

BRASIL. Ministério da Educação. Conselho Nacional de Educação. Câmara de Educação Básica. Resolução n. 2, de 11 de setembro de 2001. **Diário Oficial da União**, Brasília, DF, 14 set. 2001b. Disponível em: <http://portal.mec.gov.br/arquivos/pdf/resolucao2.pdf>. Acesso em: 28 set. 2020.

BRASIL. Ministério da Educação. Conselho Nacional de Educação. Conselho Pleno. Resolução n. 2, de 22 de dezembro de 2017. **Diário Oficial da União**, Brasília, 22 dez. 2017. Disponível em: <http://portal.mec.gov.br/index.php?option=com_docman&view=download&alias=79631-rcp002-17-pdf&category_slug=dezembro-2017-pdf&Itemid=30192>. Acesso em: 7 dez. 2020.

BRASIL. Ministério da Educação. Secretaria de Educação Especial. **Parâmetros Curriculares Nacionais**: introdução aos Parâmetros Curriculares Nacionais. Brasília, 1998.

BRASIL. Ministério da Educação. Secretaria de Educação Especial. **Projeto Escola Viva**: garantindo acesso e permanência de todos os alunos na escola. Brasília, 2000.

BRASIL. Supremo Tribunal Federal. **Medida cautelar na ação direta de inconstitucionalidade n. 6.590 – Distrito Federal.** Relator: Dias Toffoli. 3 dez. 2020b. Disponível em: <https://stf.jusbrasil.com.br/jurisprudencia/1136239244/medida-cautelar-na-acao-direta-de-inconstitucionalidade-adi-6590-df-0106743-4720201000000/inteiro-teor-1136239247>. Acesso em: 14 jan. 2021.

BRENNAN, W. K. **Curriculum for Special Needs**. Philadelphia: University Press, 1996.

BRONFENBRENNER, U. **A ecologia do desenvolvimento humano**: experimentos naturais e planejados. Porto Alegre: Artes Médicas, 2002.

BRONFENBRENNER, U. **A ecologia do desenvolvimento humano**. Porto Alegre: Artes Médicas, 1996.

BRONFENBRENNER, U. **Bioecologia do desenvolvimento humano**: tornando os seres humanos mais humanos. Porto Alegre: Artmed, 2011.

CAETANO, R.; COSTA, L. S. Mouse ocular: vida e tecnologia em um piscar de olhos. In: FÓRUM DE TECNOLOGIA ASSISTIVA E INCLUSÃO SOCIAL DA PESSOA DEFICIENTE, 1., 2006, Belém. **Anais**... Belém: Uepa, 2006.

CARVALHO, R. E. **Temas em educação especial**. Rio de Janeiro: WVA, 1998.

COLL, C. **Psicologia e currículo**. São Paulo: Ática, 2000.

COLL, C.; PALACIOS, J.; MARCHESI, A. **Desenvolvimento psicológico e educação**: necessidades educativas especiais. 3. ed. Porto Alegre: Artmed, 2002.

CORREA, W.; MINETTO, M. de F.; CREPALDI, M. A. Família como promotora do desenvolvimento de crianças que apresentam atrasos. **Pensando Famílias**, v. 22, n. 1, p. 44-58, jun. 2018.

DELUMEAU, J. **História do medo no Ocidente**: 1300-1800. São Paulo: Companhia das Letras, 1998.

DORÉ, R.; WAGNER, S.; BRUNET, J. **Réussir l'intégration scolaire**: la déficience intellectuelle. Montreal/Quebec: Les Éditions Logiques, 1996.

FERREIRA, A. B. de H. **Dicionário Aurélio básico da língua portuguesa**. Rio de Janeiro: Nova Fronteira, 2002.

FRANCO, V. A inclusão começa em casa. In: RODRIGUES, D. (Org.). **Educação inclusiva**: dos conceitos às práticas de formação Lisboa: Instituto Piaget, 2011. p. 157-170.

FRANCO, V. **Introdução à intervenção precoce no desenvolvimento da criança**: com a família, na comunidade, em equipe. Évora: Aloendro, 2015.

GANDIN, D. **Avaliação na escola**. Palestra promovida pela Secretaria de Educação do Estado do Rio de Janeiro, 1997.

GARCÍA VIDAL, J. **Guia para realizar adaptações curriculares**. Madrid: EOS, 1993.

GLAT, R. Um novo olhar sobre a integração do deficiente. In: MANTOAN, M. T. E. (Org.). **A integração de pessoas com deficiência**: contribuições para uma reflexão sobre o tema. São Paulo: Memnon, 1997. p. 187-234.

HEIDRICH, L. **Inclusão de pessoas com deficiência no mercado de trabalho**. Pelotas: UCPEL, 2016.

HEMMINGSSON, H.; BORELL, L.; GUSTAVSSON, A. Participation in School: School Assistants Creating Opportunities and Obstacles for Pupils with Disabilities. **OTJR: Occupation, Participation and Health**, v. 23, p. 88-98, 2003.

HOUAISS, A.; VILLAR, M. de S. **Dicionário Houaiss da língua portuguesa**. versão 3.0. Rio de Janeiro: Instituto Antônio Houaiss; Objetiva, 2009.

KERSHNER, R. S. Including Psychology in Inclusive Pedagogy: Enriching the Dialogue? **International Journal of Educational Psychology**, v. 5, n. 2, p. 112-139, June 2016.

KURTH, J. A.; PRATT, A. F. Views of Inclusive Education from the Perspectives of Preservice and Mentor Teachers. **Inclusion**, Kansas, v. 5, n. 3, p. 189-202, Sept. 2017.

LOPES, M. M. **Perfil e atuação dos profissionais de apoio à inclusão escolar**. Dissertação (Mestrado em Educação) – Universidade de São Carlos, São Paulo, 2018.

MANJÒN, D. G.; GIL, J. R.; GARRIDO, A. A. **Adaptaciones curriculares**. Málaga: Ediciones Aljibe, 1997.

MANTOAN, M. T. **Inclusão escolar**: O que é? Por quê? Como fazer? São Paulo: Moderna, 2003.

MARCO, M. N. da C.; CALAIS, S. L. Acompanhante terapêutico: caracterização da prática profissional na perspectiva da análise do comportamento. **Revista Brasileira de Terapia Comportamental e Cognitiva**, São Paulo, v. 14, n. 3, p. 4-18, dez. 2012. Disponível em: <http://pepsic.bvsalud.org/scielo.php?script=sci_arttext&pid=S1517-55452012000300002 &lng=pt& tlng=pt>. Acesso em: 24 set. 2020.

MARIN, A. J.; SAMPAIO, M. das M. F. Precarização do trabalho docente e seus efeitos sobre as práticas curriculares. **Educação e Sociedade**, Campinas, v. 25, n. 89, p. 1203-1225, set./dez. 2004.

MARIN. A. J. Precarização do trabalho docente. In: OLIVEIRA, D. A.; DUARTE, A. M. C.; VIEIRA, L. M. F. **Dicionário**: trabalho, profissão e condição docente. Belo Horizonte: UFMG/Faculdade de Educação, 2010. CD-ROM.

MARQUES, L. P. **O professor de alunos com deficiência mental**: concepções e prática pedagógica. Campinas: Ed. da UFJF, 2001.

MARTIN, T.; ALBORZ, A. Supporting the Education of Pupils with Profound Intellectual and Multiple Disabilities: the Views of Teaching Assistants Regarding their Own Learning and Development Needs. **British Journal of Special Education**, v. 41, n. 3, Sept. 2014.

MARTINS, S. M. **O profissional de apoio na rede regular de ensino**: a precarização do trabalho com os alunos da educação especial. Dissertação (Mestrado em Educação) – Universidade Federal de Santa Catarina, Florianópolis, 2011.

MATOS, S. N.; MENDES, E. G. Demandas de professores decorrentes da inclusão escolar. **Revista Brasileira de Educação Especial**, Marília, v. 21, n. 1, p. 9-22, 2015.

MATTOS, N. M. de; BENEVIDES, S. L. L. A escolha de um referencial teórico-metodológico no ensino especial e as implicações decorrentes das concepções de deficiência mental envolvidas nesta escolha: algumas considerações. In: CONGRESSO NACIONAL DAS APAEs, 17., 2003, Salvador. **Anais**... Salvador: Federação Nacional das Apaes, 2003.

MAZZOTTA, M. J. da S. Identidade dos alunos com necessidades educacionais especiais no contexto da política educacional brasileira. **Movimento Revista de Educação**, Niterói, n. 7, p. 11-18, maio 2003.

MELLO, M. A. F. A tecnologia assistiva no Brasil. In: FÓRUM DE TECNOLOGIA ASSISTIVA E INCLUSÃO SOCIAL DA PESSOA DEFICIENTE, 1., 2006, Belém. **Anais**... Belém: Uepa, 2006.

MELO, A. M.; BARANAUSKAS, M. C. C. Design e avaliação de tecnologia web-acessível. In: CONGRESSO DA SOCIEDADE BRASILEIRA DE COMPUTAÇÃO, 25., 2005, São Leopoldo. **Anais**... São Leopoldo, 2005.

MENDES, E. G.; VILARONGA, C. A. R.; ZERBATO, A. P. **Ensino colaborativo como apoio à inclusão escolar**: unindo esforços entre educação comum e especial. São Carlos: UFSCar, 2014.

MENDES, R. **Gestão escolar para equidade**: educação inclusiva. São Paulo: Instituto Rodrigo Mendes, 2016.

MERCADO, E. L. O.; FUMES, N. D. L. F. Base Nacional Comum Curricular e a educação especial no contexto da inclusão escolar. In: ENCONTRO INTERNACIONAL DE FORMAÇÃO DE PROFESSORES, 10.; FÓRUM PERMANENTE DE INOVAÇÃO EDUCACIONAL, 11., 2017, Aracaju. **Anais**... Aracaju: Ed. Universitária Tiradentes, 2017. Disponível em: <https://eventos.set.edu.br/enfope/article/view/4770/1796>. Acesso em: 6 dez. 2020.

MINETTO, M. F.; BERMUDEZ, B. E. B. V. **Bioecologia do desenvolvimento na síndrome de Down**: práticas em saúde e educação baseadas em evidências. 2. ed. Curitiba: Íthala, 2018.

MONTE, F. R. F.; SIQUEIRA, I.; MIRANDA, J. R. (Org.). **Direito à educação**: necessidades educacionais especiais – subsídios para atuação do Ministério Público Brasileiro. Brasília: MEC/Seesp, 2001.

MONTOBBIO, E.; LEPRI, C. **Quem eu seria se pudesse ser**: a condição adulta da pessoa com deficiência intelectual. Campinas: Fundação Síndrome de Down, 2007.

MORELATO, G. Resiliencia en el maltrato infantil: aportes para la comprensión de factores desde un modelo ecológico. **Revista de Psicología**, v. 29, n. 2, p. 203-224, 2011.

NELSON, L. L. **Design and Deliver**: Planning and Teaching Using Universal Design for Learning. Baltimore: Paul. H. Brookes, 2013.

O'BRIEN, T.; GARNER, P. **Untold Stories**: Learning Support Assistants and Their Work Stoke-on-Trent: Trentham Books, 2001.

OLIVEIRA, D. A. de. A Reestruturação do trabalho: precarização e flexibilização. **Educação e Sociedade**, Campinas, v. 25, n. 89, p. 1127-1144, set./dez. 2004.

PARDO, M. B. L.; FALEIROS, M. H. dos S. A inclusão de alunos com deficiência mental nas perspectivas das professoras. In: CONGRESSO BRASILEIRO MULTIDISCIPLINAR DE EDUCAÇÃO ESPECIAL, 3., 2002, Londrina. **Anais**... Londrina: Ed. da UEL, 2002.

PATEY, M. **Understanding Inclusive Pedagogy from the Perspectives of Primary and Elementary Physical and Health Educators**. Thesis (Master of Physycal Education) – Memorial of University of Newfoundland, St. John's, 2017.

PECK, P. Requisitos de acessibilidade e inclusão digital. **Webinsider**, 15 ago. 2005. Disponível em: <https://webinsider.com.br/requisitos-de-acessibilidade-e-inclusao-digital/>. Acesso em: 24 set. 2020.

PERRENOUD, P. **Dez novas competências para ensinar**. Porto Alegre: Artmed, 2000.

PRADO, D. N. M. do. **Professor de apoio**: caracterização desse suporte para inclusão escolar numa rede municipal de ensino. Dissertação (Mestrado em Educação) – Universidade Estadual de Londrina, Londrina, 2016.

RAAD, I. L. F. **Deficiência como iatrogênese**: a medicina, a família e a escola como cúmplices no processo de adoecimento. 92 f. Dissertação (Mestrado em Educação) – Universidade de Brasília, Brasília, 2007.

REGANHAN, W.; BRAGA, T. Inclusão de alunos com necessidades educativas especiais no relato de professores. In: CONGRESSO BRASILEIRO MULTIDISCIPLINAR DE EDUCAÇÃO ESPECIAL, 3., 2002, Londrina. **Anais**... Londrina: Ed. da UEL, 2002.

ROSE, D. H.; MEYER, A. **Teaching Every Student in the Digital Age**: Universal Design for Learning. Alexandria: ASCD, 2002.

RUIZ BEL, R. (Org.) **Adequacions curriculars individualitzades (ACI)**: per als alumnes amb necessitats educatives especiais. Barcelona: General, 1990.

SACRISTAN, J. G. Consciência e ação sobre a prática como libertação profissional dos professores. In: NÓVOA, A. (Org.). **Profissão professor**. Porto: Porto, 2000. p. 63-92.

SERVATIUS, S. D.; FELLOWS, M.; KELLY, D. Preparing Leaders for Inclusive School. In: VILLA, R. A.; STAINBACK, W.; STAINBACK, S. **Restructuring for Caring and Effective Educacion**. Baltimore: Paul H. Brookes Publishing, 1997. p. 98-115.

SILVA, M. F. M. C. Adaptações curriculares: como operacionalizá-las? In: SILVA, M. F. M. C. et al. **Currículo estruturado**: implementação de programas pedagógicos. Curitiba: Iesde, 2004. p. 142-148.

SILVA, M. F. M. C. Como o professor vê a inclusão. In: SILVA, M. F. C. et al. **Diversidade na aprendizagem de pessoas com necessidades especiais**. Curitiba: Iesde, 2009. p. 43-47.

STAINBACK, S.; STAINBACK, W. **Inclusão**: um guia para educadores. Porto Alegre: Artmed, 1999.

SÚMULA do programa "Viver Sem Limite": Plano Nacional dos Direitos da Pessoa com Deficiência. **Cadernos Cedes**, Campinas, v. 34, n. 93, p. 263-266, maio-ago. 2014. Disponível em: <https://www.scielo.br/pdf/ccedes/v34n93/0101-3262-ccedes-34-93-0263.pdf>. Acesso em: 14 jan. 2021.

TORRES GONZÁLEZ, J. A. **Educação e diversidade**: bases didáticas e organizativas. Porto Alegre: Artmed, 2002.

TUCKER, S. Perceptions and Reflections on the Role of the Teaching Assistant in the Classroom Environment. **Pastoral Care in Education**, v. 27, p. 291-300, 2009.

VALDEZ, D. **Autismos**: estrategias de intervención entre lo clínico y lo educativo. Buenos Aires: Paidós, 2016.

VASCONCELLOS, M. J. E. **Pensamento sistêmico**: o novo paradigma da ciência. 4. ed. Campinas: Papirus; Belo Horizonte: PUC-Minas, 2005.

VEIGA, I. P. A. (Org.). **Projeto político-pedagógico da escola**. Campinas: Papirus, 1995.

VITALIANO, C. R. Sugestões para a escola regular atender melhor seus alunos especiais. In: CONGRESSO BRASILEIRO MULTIDISCIPLINAR DE EDUCAÇÃO ESPECIAL, 3., 2002, Londrina. **Anais**... Londrina: Ed. da UEL, 2002.

WARNOCK, M. **Special Educacional Needs**. Publishing Company: London, 2001.

WATKINSON, A. **Managing Teaching Assistants**: a Guide for Headteachers, Managers and Teachers. London: Taylor & Francis e-Library, 2004.

ZERBATO, A. P.; MENDES, E. G. Desenho universal para a aprendizagem como estratégia de inclusão escolar. **Educação Unisinos**, São Leopoldo, v. 22, n. 2, p. 147-155, abr./jun. 2018.

SOBRE A AUTORA

Maria de Fátima Joaquim Minetto, paranaense, natural de Curitiba, é psicóloga especializada em terapia familiar sistêmica, com pós-doutorado em Psicologia pela Universidade Federal de Santa Catarina (UFSC). Na Universidade Federal do Paraná (UFPR), cursou doutorado em Psicologia, mestrado em Educação e especialização em Educação Especial. Atualmente, é professora do Departamento de Teoria e Fundamentos da Educação e do Programa de Pós-Graduação em Educação da UFPR, na linha de pesquisa Processos Psicológicos em

Contextos Educacionais. É membro da equipe interdisciplinar do Ambulatório de Síndrome de Down do Hospital de Clínicas da UFPR desde 1997. Coordena o Laboratório de Pesquisas em Educação sobre o Desenvolvimento Humano (LAPEEDH – LaBebê), que conta com a parceria de pesquisadores da Espanha (Murcia), de Portugal (Évora) e dos Estados Unidos (Kansas). É pesquisadora de práticas educativas fundamentadas em evidências, com interesse nos temas: prevenção e promoção do desenvolvimento; educação de crianças com deficiências; práticas educativas parentais; inclusão escolar e suas interfaces; mediação nos processos inclusivos; e intervenção precoce. Além disso, é autora de materiais didático-pedagógicos, artigos, livros e capítulos de livros.

Impressão
Janeiro/2021